UNTERWEGS
Geschichten zwischen Hin und Weg

EDITION SCHMITZ

Wir danken dem Verband der Verlage und Buchhandlungen
in NRW e.V. für seine freundliche Unterstützung.

UNTERWEGS – Geschichten zwischen Hin und Weg
© 2001 Edition Schmitz
Umschlag und Satz: HDSchellnack@nodesign.de
Dank an Nina Hubinger
Druck: Koninklijke Wöhrmann B.V.
ISBN: 3-932443-10-1

DER BESUCH
Eine Geschichte zum Geleit
von Rafik Schami

Mein Vater beschloss einmal, mich allein zu besuchen – ohne seine Ehefrau und weitere Kinder. Meine Mutter erzählte mir später, kurz vor der Abreise sei er wahnsinnig aufgeregt gewesen, er habe schon absagen wollen und sich Vorwürfe gemacht, weil er überhaupt erwogen hatte, ohne sie zu reisen. Vor lauter Aufregung machte er einen ungeheuren Fehler.

Araber haben eine eigenartige Beziehung zum Begriff »Termin«. Vielleicht liegt es daran, dass sie früher gezwungen wurden, ihren nach Mondjahren und islamischer Zeitrechnung gehenden Kalender zu ändern, und seitdem nicht mehr mit dem christlichen Zeitbegriff zurechtkommen. Sie erscheinen, wenn überhaupt, zu einem Termin immer zu spät.

Ich wollte mich durch einen kurzen Urlaub auf diesen Besuch vorbereiten, denn es stand viel auf dem Spiel. Ich hatte meinem Vater zur Bedingung für deinen Besuch bei mir gemacht zu akzeptieren, dass ich unverheiratet mit einer Frau unter einem Dach lebe. Für einen Araber ist das schwerer zu ertragen als jeder Kommunist, da dieser in Arabien brav heiratet und unauffällig alle Normen der Gesellschaft einhält. Und in Arabien ist ein Individualist – ein Auffälliger in der Gesellschaft von Gleichen – die Gefahr in Person.

Mein Vater war kein Heuchler. Er versprach nichts. Er wollte einfach kommen, und sollte es ihm bei mir nicht gefallen, wollte er in ein Hotel ziehen, da er wohlhabend war. Nun hatte mein Vater aber aus Angst, er könnte zu spät kommen und dadurch bei meiner Lebensgefährtin, einer Europäerin, einen schlechten Eindruck hinterlassen, sich täglich beim Flughafen nach früheren Flügen erkundigt, bis er schließlich umbuchen konnte. Allerdings teilte er mir das nicht mit, und zwar in der festen Überzeugung, dass er mich dann schon irgendwie erreichen würde.

In Frankfurt angekommen, machte er sich mit Bus und Bahn auf den Weg und kam auch problemlos bis vor unsere Haustür. Aber obwohl unsere Nachbarn von seinem bevorstehenden Besuch wussten und ihm unsere Wohnung hätten aufschließen können, stellten sie sich dumm. Der alte Mann behalf sich mit Französisch, doch sie taten, als verstünden sie ihn nicht. Enttäuscht von dieser Abfuhr, ging mein Vater in ein Hotel, machte seine Spaziergänge und kam jeden Tag einmal zur Wohnung, klingelte bei den Nachbarn und fragte höflich, ob ich von meiner Reise schon zurückgekommen sei.

Was hatte ich für einen Wutanfall, als ich bei meiner Rückkehr davon erfuhr! Ich eilte zur Hauptstraße und traf dort meinen Vater. Gedankenversunken betrachtete er ein Bild im Schaufenster eines Antiquariats. Er weinte vor Freude, als er mich sah, denn er hatte schon gedacht, mir sei etwas passiert und die Nachbarn hielten ihn nur hin. Die Gründe dafür, warum sie meinen Vater abgewiesen hatten, waren so fadenscheinig und absurd, dass sie zum Abbruch aller Beziehungen zu jenen Leuten führten. Nach dem Essen kam dann die große Überraschung. Bei guten Wein und Kaffee fragte ich ihn, wie er sich allein mit den öffentlichen Verkehrsmitteln in Deutschland zurechtgefunden habe.

»Fantastisch, alles war bestens organisiert. Welch großartige Zivilisiertheit! Bei uns hättest du dreihundert Stempel und fünf verschiedene Karten für das bisschen Weg gebraucht. Die Deutschen aber sind klug. Eine Karte genügt. Sie wird einmal kontrolliert, und alle anderen wissen Bescheid.«

Mein Vater, der vorher noch nie geflogen war, hatte nur das Flugticket gekauft, mit dem er dann vom Flughafen zum Frankfurter Hauptbahnhof und von da aus weiter mit dem Zug zum Heidelberger Hauptbahnhof gefahren war. Niemand hatte ihn kontrolliert. In Heidelberg angekommen, hatte er sich in die Straßenbahn gesetzt, die zu uns fährt und war lächelnd und die deutsche Zivilisation bewundernd vor unserer Haustür angekommen. Die ganze Zeit über war er schwarzgefahren.

Wie verhält man sich in einem solchen Fall? Klärt man den Betreffenden auf und zerstört somit seine Freude? Ich kannte meinen Vater. Er war ein stolzer und gläubiger Katholik. Hätte er die Wahrheit erfahren, hätte er sich sehr geschämt. Sagt man sie einem Menschen wie ihm nicht, handelt man zwar unmoralisch, verdirbt ihm aber nicht die kleine Freude. Ich entschied mich für die Unmoral.

CAROLIN ADAMEK
Unterwegs in die Jugendherberge

Am Samstag, den 27.01.2001 sind wir mit allen Kommunionkindern in die Jugendherberge Essen-Werden gefahren.

Zuerst haben wir uns an der Phönixhütte getroffen und sind dann zur Bushaltestelle gelaufen. Leider sind wir erst in die falsche Richtung gefahren. Wir mussten wieder aus dem Bus aussteigen und zu einer anderen Haltestelle laufen.

Dann, als wir da waren, kam und kam der Bus nicht. Zum Zeitvertreib haben wir gemeinsam ein Lied gesungen, das von einer Pusteblume handelt. So verging die Zeit schneller und zwei, drei Minuten später kam dann auch der Bus. Diesmal war es der richtige. Wir fuhren bis zur Haltestelle »Am Schwarzen«, stiegen dann aus und liefen den Rest des Weges. Auf einmal begann es zu regnen und sogar zu schneien. Doch wir gingen weiter und kamen endlich, aber pudelnass und sehr, sehr hungrig an der Jugendherberge an. Der Pastor wartete schon vor der Tür auf uns.

Am Nachmittag erfüllte jede Kommuniongruppe zehn Aufgaben. Danach gab es Abendessen. Anschließend haben wir alle eine Messe gefeiert. Das war sehr lustig. Es gab fünf verschiedene Gruppen, die verschiedene Sachen für die Messe gemacht haben. Ich war in der Tanzgruppe. Wir haben einen Tanz aufgeführt, der hieß »Die Wunderblume«.

Der Pastor hatte sogar echte Hostien für die Erwachsenen mitgebracht. Danach war noch eine Disco und dann sind wir schlafen gegangen. Am nächsten Morgen habe ich alle Kinder um 5.30 Uhr aufgeweckt. Wir hatten nämlich am Abend vorher ausgemacht, dass der erste, der aufwacht, die anderen weckt.

Nach dem Frühstück haben wir ein Chaosspiel gespielt und nach dem Mittagessen wurden wir abgeholt.

Das war die schönste Reise ohne meine Eltern, die ich je gemacht habe.

JOSHUA ADERHOLT & DANIEL REKELKAMM
Unterwegs zur Schule

Mein Freund Daniel und ich, Josh, waren unterwegs zur Schule und warteten dort auf Chris. Chris erschien und wir gingen los.

Daniel und ich hatten 5,– DM dabei und haben uns ganz viele Süßigkeiten gekauft. Zum Schluss hatten wir noch 3,– DM übrig. Wir teilten uns das Restgeld und auch die Süßigkeiten.

Daniel, Chris und ich sind dann langsam zur Schule gegangen. Als wir ankamen, merkten wir nicht, dass wir zu spät dran waren und gingen in die Klasse.

Aber niemand war da. Wir fragten dann jemanden, wo die Klasse 4b sei, und bekamen die Auskunft, dass wir heute einen Ausflug machen.

Ganz schnell sind wir dann zum Daniel nach Hause gegangen und fragten seinen Vater, ob er uns fährt. Er sagte zu und fragte uns, wohin wir denn wollten. Daniel sagte ihm, dass wir ins Kino nach Steele müssten. Schnell fuhr er uns dorthin.

Wir trafen die anderen noch an der Bushaltestelle. Daniels Vater ließ uns aus dem Auto und wir sind zu unseren Klassenkameraden gelaufen.

Wir erzählten Frau Fischer, dass wir den Ausflug total vergessen hatten. Wir erzählten ihr, dass Daniels Vater uns gefahren hatte. Frau Fischer war ganz schön sauer und wir mussten versprechen, dass wir so etwas nie wieder vergessen.

MEHRIVAN AKBULUT
Ich bin im Bus

Wenn wir Schule aus haben, dann gehen ich und meine Freunde nach Hause.

Ich sage: »Da ist unser Bus. Schnell, damit wir nicht zu spät kommen!«

Na endlich haben wir es geschafft. Ich setze mich als Erster.

»Nein, ich war zuerst da!«, schreit meine Freundin.

Der Fahrer sagt: »Setzt euch, sonst werfe ich euch beide raus!«

Da suche ich mir schnell einen anderen Platz. Jetzt ist der Streit vorbei.

GIULIA ALTENHOFF
Unterwegs an die Nordsee

In den Sommerferien fuhr ich mit meiner Mutter an die Nordsee, um meine Oma zu besuchen.

Um 15.00 Uhr fuhren wir los. Als wir auf der Autobahn angekommen waren, passierte etwas, plötzlich stand ein großer, dicker Hirsch mitten auf der Fahrbahn.

Es sah nicht gerade so aus, als würde er von der Straße runtergehen. Er starrte uns ganz verwirrt an.

Wir kamen immer näher auf ihn zu. Es sah so aus, als ob wir ihn umfahren würden. Mir schlotterten die Knie.

Doch wie meine Mutter so ist, machte sie eine scharfe Kurve um den Hirsch herum. Mir fiel ein Stein vom Herzen und ich glaube, meiner Mutter auch.

Als wir dann bei meiner Oma endlich angekommen waren, hatten wir viel zu erzählen und meine Mutter trank sich erst mal mit meiner Oma einen Schnaps.

Sie fuhr ab jetzt immer etwas langsamer.

ALEXANDER ARNOLDS
Ich bin unterwegs

Wir haben halb neun und ich freue mich, dass wir Wochenende haben. Heute habe ich viel zu tun.

Ich muss zu meiner Oma mit meinem Fahrrad fahren und Mittagessen abliefern.

Dann muss ich mit zu meiner Tante fahren, weil meine Tante Geburtstag hat. Ich habe ihr nämlich was Schönes gemalt.

Danach muss ich zu meiner Uroma! Weil sie im Krankenhaus ist und sehr krank ist.

Und dann bin ich unterwegs nach Hause und dann bin ich kaputt.

SAFAK ASLANER
Unterwegs mit dem Flugzeug

Als wir in die Türkei flogen, passierte uns etwas Komisches.

Das Flugzeug war schon in der Luft, als meine Mutter nach dem Portmonee suchte. Sie war ganz blass.

Sie sagte zu meinem Vater: »Mein Geld ist weg!«

Sie war sehr aufgeregt. Mein Vater tröstete sie, aber es half nichts. Mein kleiner Bruder schlief auf dem Schoß meiner Mutter. Er bekam von der Aufregung nichts mit.

Als das Flugzeug gelandet war, standen wir auf.

Da fiel etwas auf den Boden. Ich bückte mich und gab meiner Mutter das verlorene Portmonee zurück. Mein Bruder hatte darauf gesessen.

Meine Mutter war sehr froh, dass sie ihr Portmonee wieder hatte.

MARCEL AUERBACH
Die zwei kleinen Enten

Es fing alles damit an, dass Marcel zum Strand ging. Dort sah er zwei kleine Enten.

Marcel hatte ein paar Stückchen Brot mit. Er fütterte sie mit dem Brot.

Hinterher ging Marcel nach Hause und die zwei kleinen Enten kamen Marcel hinterher.

Warum kommen sie mir hinterher?

Marcel sagte: »Geht zurück, zu eurer Mutter!«

Und sie gingen ihm immer noch hinterher. Marcel entschloss sich sie mitzunehmen.

Er ging nach Hause und dachte, ihre Eltern machen sich bestimmt Sorgen.

Er sagte seiner Mutter Marion, dass er noch mal zum Strand wolle und er brachte die Enten zurück, und da kamen die Enteneltern.

Marcel gab sie den Eltern wieder und sie lebten glücklich und zufrieden.

ANNA AUS DER WIESCHE
Meine Lebensgeschichte

An einem Tag wie jedem anderen kam ein Mädchen zur Welt. Die Eltern des Kindes waren sehr froh über das Mädchen. So gaben sie ihm den Namen Anna. Und dieses Kind war ich.

Als ich drei Jahre alt war, kam ich in den Kindergarten. Ich hatte viele Freunde und eine große Liebe. Roberto war sein Name.

Aber als ich dann sechs Jahre alt geworden bin und in die Schule kam, sah ich ihn nie wieder.

Ich sagte mir immer: »Das schaffst du schon ohne Roberto!«

Aber es hatte nichts genützt. Bei meiner Kommunion traf ich ihn endlich wieder.

Aber was war das? Als ich ihm begegnete, freute ich mich sehr.

»Aber er ist ja ein richtiges Ferkel geworden«, ging es mir durch den Kopf.

Da war es endgültig vorbei.

In der vierten Klasse war ich schon wieder wie weg. Tobias aus der 4b ging mir immer durch den Kopf. Ich hatte viele Fragen: »Wen werde ich heiraten? Werde ich überhaupt heiraten? Wie alt werde ich? Werde ich Kinder kriegen?«

Leider muss ich noch eine ganze Zeit lang warten, bis ich die Antworten auf diese Frage bekomme.

FRANCESCA BALA
Unterwegs

Ich bin mit meiner Familie weggereist. Nach Jugoslawien. Ich bin mit dem Flugzeug geflogen. Da habe ich Wolken gesehen. Ich war zum ersten Mal in Jugoslawien.
   Da konnte ich meine Oma sehen.
   Ich fand das schön.

VANESSA BAREA
Unterwegs in Spanien

Ich freue mich immer wieder auf die Ferien in Spanien, denn ich bin gerne dort bei meinen Verwandten. In Spanien fühle ich mich frei wie ein Vogel, ich kann mich entspannen und erholen. Es ist immer wieder spannend, am Strand spazieren zu gehen, dort seltene Muscheln zu sammeln und aus ihnen Ketten zu basteln für mich und meine Freundin, die ich im letzten Sommer kennengelernt habe. Mit ihr möchte ich in diesem Jahr auch wieder am Strand spazieren gehen und die interessanten Tiere entdecken.

Doch leider sind die Ferien viel zu schnell zu Ende und ich muss meine Koffer schon wieder packen. Nun verabschiede ich mich von meiner Freundin. Sie bringt mich mit meinen Verwandten zum Flughafen. Es fällt uns sehr schwer, uns zu verabschieden.

Aber ich sage Luisa: »Bitte nicht traurig sein, ich melde mich, wenn ich in Deutschland angekommen bin.« Wir drücken uns noch einmal ganz fest von ganzem Herzen, und dann sagen wir beide: »Adios amiga, bis zum nächsten Sommer.«

ANNIKA BAUER
Ein Hund unterwegs

Der kleine Dackel Dicki wohnte bei der Familie Schmidt. Seit er ein Welpe gewesen war, wohnte er hier. Er war nun ein Jahr und zwei Monate alt. Die Familie Schmidt bestand aus Vater, Mutter und ihrer Tochter Anna. Anna hatte Dicki sehr, sehr lieb. Dicki mochte Anna auch. Sie waren unzertrennlich.

Eines Tages mochten sich die Eltern nicht mehr, sie stritten sich immer öfter und so beschlossen sie, sich zu trennen. Anna bekam davon nichts mit. Als es so weit war, sagte ihre Mutter: »Wir können Dicki nicht behalten.«

Anna wurde traurig. Sie gaben Dicki an eine alte Frau ab. Dicki war inzwischen ein Jahr und fünf Monate. Er lebte zwei Jahre bei der Frau. Dann wurde die Frau sehr krank und musste Dicki abgeben.

Er kam zu einem jungen Ehepaar. Dicki war jetzt schon drei Jahre und sechs Monate alt. Aber das Ehepaar bekam nach sieben Monaten ein Kind. Und Dicki musste abgegeben werden.

Er kam zu einer jungen Frau. Sie war sehr nett und kümmerte sich super um ihn, so ging das sechs Monate. Dicki fühlte sich sehr behaglich. Ihm gefiel es hier sehr gut. Dann heiratete die Frau. Ihr Mann war aber gegen Hunde allergisch.

Also musste sie ihn schweren Herzens abgeben. Dicki war nun vier Jahre und sieben Monate alt. Er kam zu einem alten Mann. Da blieb er zwei Jahre. Er fühlte sich sehr alt mit sechs Jahren und acht Monaten. Als der Mann starb, kam er zur Familie Schmidt. Es war die Familie Schmidt, bei der er am Anfang seines Lebens gelebt hatte. Anna war jetzt zwölf Jahre alt und ihre Mutter hatte wieder geheiratet.

Anna sagte überglücklich: »Du warst ganz schön lange unterwegs!« und umarmte ihn fest.

Doch am Ende durfte er wieder zurück zu seiner Familie und die Odyssee war vorbei!

SEBASTIAN BECK
Unterwegs

In den Sommerferien bin ich mit meiner Familie zum Edersee gefahren. Dort gibt es eine große Staumauer, auf der wir spazieren gehen konnten. Von dort oben hatten wir einen schönen Ausblick auf den Edersee, wo viele bunte Segelschiffe und Ruderboote fuhren. Auf dem Edersee fuhren auch Personenschiffe. Mit einem von ihnen, der »Wappen von Edertal«, haben wir auch eine Rundfahrt gemacht.

Das Schiff hatte zwei geschlossene Etagen und ein offenes Deck. Ich bin natürlich sofort auf das offene Deck gesaust. Auf dem Deck war ein richtiges Schiffsruder für die Kinder. Ich ruderte und ruderte und tat so, als wäre ich ein richtiger Kapitän.

Das Schiff legte an vielen Uferstationen an, zum Beispiel am Strandbad, an der Insel Scheid und am Schloss Waldeck. Da hatten der echte Kapitän und ich eine Menge zu rudern. Das hat richtig Spaß gemacht.

Meine Eltern fanden mich am Steuer so schön, dass sie ein paar Fotos davon gemacht haben. Ich ruderte so lange, bis wir am Ende der Rundfahrt wieder aussteigen mussten.

Hinterher gingen wir noch zum Wasserspielplatz. Ich konnte dort noch prima im Wasser mit Wasser planschen.

Es war ein richtig schöner Ferientag.

SVENJA BEMBENEK
Ein Besuch im Zoo

Endlich ist es Sonntag.

Heute fahre ich mit Mama und meinen Freundinnen Julia und Maria zum Zoo. Als wir ankamen, mussten wir in einer langen Schlange vor dem Eingang stehen. Mama kaufte die Eintrittskarten an der Kasse und dann ging es los.

Die Tiere im Zoo begrüßten uns mit lautem Getöse. Der Elefant mit seiner Trompete, die Bären mit tiefem Brummen, die Löwen mit lautem Gebrüll, die bunten Vögel mit fröhlichem Gezwitscher und die Babyaffen mit uh uh uh.

Dann ging es weiter zur Delfinshow. Die Delfine zeigten uns ihre schönsten Kunststücke. Mutige Kinder durften sie streicheln.

Danach verabschiedeten wir uns von allen Tieren und machten uns auf den Rückweg nach Hause.

Alle sind sich einig und rufen: »Wir kommen bald wieder.«

INES BERTLICH
Bitte kein Wachs mehr

Mein Name ist Lisa. Am Montag vor einer Woche stand ein Klassenausflug ins Städtische Wachsfigurenmuseum an. Wir sahen viele Berühmtheiten aus Wachs bis in kleinste Detail ausgetüftelt winken und stehen.

Bei Elvis machten wir Rast und aßen. Da ich nicht hungrig war, ließ ich mich auf einen Stuhl neben Napoleon plumpsen. Mir wurde ziemlich langweilig, da ich hier schon oft gewesen war und alles in und auswendig kannte. Ich nickte ein.

Als ich hochschreckte, war ich mutterseelenallein im Raum. Ich rappelte mich auf und eilte aus dem Raum. Die Anderen mussten mich in der Ecke vergessen haben. Lange Zeit wanderte ich still durch die Gänge. Plötzlich hörte ich leise Stimmen und diese komische Musik. Vorsichtig schlich ich weiter.

Als ich um eine Ecke bog, kannte mein Staunen keine Grenzen: Elvis tanzte mit Prinzessin Diana und die damals berühmten Ganoven Bonny und Clyde legten einen flotten Tango aufs Parkett, während Napoleon mit Kolumbus redete und Goethe eine Ansprache hielt.

Mit offenem Mund beguckte ich das Geschehen. Es schien ein Maskenball zu sein, da man die Berühmtheiten fast nicht erkennen konnte.

Als ich meine Fassung wiedererlangt hatte, beschloss ich, den tanzenden Figuren einen Besuch abzustatten. Ich mischte mich unter das kostümierte Volk.

Da sprach mich Elvis an: »Hey, Kleine, hast du mal eben einen Kamm?«

»Oh, tut mir leid, aber ich besitze leider keinen.«

So schnell ich konnte, versteckte ich mich in der Menge. Da ich mich so beeilte, sah ich natürlich nicht genau, wohin ich lief. Das Resultat daraus war, dass ich die Geschwister Scholl rammte, die gerade mit Albert Schweitzer tratschten.

»Was ist das denn für ein komischer Vogel??«, wunderten sie sich, als ich weiterstürzte.

»Hey, Diana, ich glaube, der gehört nicht zu uns!!! Packt sie!!«

Doch gerade, als sie mich umzingelten, wachte ich schweißgebadet auf.

RICARDA BINDER
Seefahrt mit Hindernissen

Es war in den Sommerferien 1999, als wir auf Pellworm Urlaub machten.

Von Pellworm aus fuhren wir nach Föhr, einer Nachbarinsel. Ein kleines Holzboot für ungefähr vierzig Leute, von einem Motor angetrieben, brachte uns dorthin.

Da das Wasser so unruhig war, schlugen die Wellen bis über das Deck und das Boot schaukelte ganz doll. Sehr viele Mitreisende und ich wurden seekrank.

Eine Dame und ich spuckten über die Reling, zum Glück mit dem Wind. Kurz darauf waren wir auf Föhr. Mir ging es auf der Insel sofort besser. Wir mieteten uns Fahrräder und machten eine Inseltour.

Unser erster Haltepunkt war ein riesiges Tor aus dem Unterkiefer eines Haies. Danach haben wir uns die drei Kirchen und die Windmühle angeguckt. In der Windmühle begrüßte uns Hugo, das Mühlengespenst.

Nun wurde es Zeit, zum Schiff zurück zu fahren, die Räder abzugeben und aufs Boot zu gehen. Das Meer war noch wilder als auf der Hinfahrt. Das Boot schaukelte wie eine Nussschale im Sturm. Die Dame, die am Morgen schon spucken musste, übergab sich wieder, doch leider gegen den Wind. Ein Mann, der zwei Meter hinter ihr stand, war ganz gesprenkelt.

Selbst der Kapitän war erleichtert, als wir endlich wieder auf Pellworm waren.

KWABENA BOATENG
Wie ich Freunde fand

Ich war mal unterwegs und hatte keine Freunde. Mir war auch langweilig. Aber dann kam ich auf eine Idee. Meine Idee war, Feuer zu machen. Als ich Feuer machen wollte, fand ich einen Freund.

Er hieß Meik. Er sagte, ich sollte Feuer machen ohne Feuerzeug und ohne Streichhölzer, aber mit Steinen schon. Meik und ich trennten uns, um Steine zu suchen. Aber keiner hatte einen Stein gefunden. Meik wollte gerade gehen.

Da kam Patrizia. Sie hatte vier Steine dabei und ich fragte: »Kannst du mir bitte zwei Steine geben?«

Sie sagte: »Ja.«

Und wir schafften tatsächlich, Feuer zu machen. Mein Wunsch war endlich wahr. Und ich habe meine neuen Freunde zu mir eingeladen, um zu feiern.

ALINA BÖHNER
Unterwegs im Allgäu

In den Ferien fuhr ich mit meinem Onkel und dessen Familie ins Allgäu. Wir waren sieben Stunden mit dem Auto unterwegs. Wir hatten eine Wohnung mit Terrasse für eine Woche gemietet.

Am ersten Tag beobachteten wir eine Landschaft vom Sessellift aus, dann sind wir auf einem Pferd geritten im Galopp und hinterher durften wir im Heu toben, das war toll.

Am nächsten Tag sind wir einen Berg herunter gewandert, unterwegs kamen wir an einem Fluss vorbei und ich fand schöne Steine.

Danach gingen wir zur Sommerrodelbahn und rutschten sie herunter. Das war cool. Am nächsten Tag gingen wir Kühe melken. Als wir fertig waren, durften wir die Milch natürlich trinken. Sie war gar nicht mal so schlecht. Abends machten wir eine Nachtwanderung, mein Onkel erschreckte uns immer und erzählte uns Gruselgeschichten, die waren richtig zum Fürchten.

Am letzten Tag gingen wir beim »Hirschen« essen, das war lecker.

Dann war die Woche auch schon um.

Es war ein tolles Erlebnis.

ALEXANDRA BÖRGER
Gedanken

Manchmal in der Schule ist es langweilig, da gucke ich auf eine Sache, zum Beispiel die Tafel.

Ich träume vor mich hin und denke oft an unseren Urlaub.

Wie könnte die Fahrt werden? Was könnten wir sehen? Wie könnte unser Ferienhaus aussehen?

Nach der Schule holt Mama mich ab, da sehe ich viele Leute und andere Autos.

Ich frage mich schon, wie es in sieben Monaten wird, wenn ich auf eine andere Schule komme, und wie es ist, wenn man allein mit anderen Kindern im Bus fährt.

Es dauert ja nicht mehr lange, dann werde ich es wissen!

NIKOLAJ BOROWSKI
Der Ausflug

An einem Sonntagnachmittag im November wollten meine Eltern und ich mit Freunden in die Elfringhauser Schweiz fahren. Dort kann man toll spazieren gehen, und ich schnitze mir meist etwas aus einem Stückchen Holz. Während der Fahrt freuten mein Freund und ich uns auf den Wald.

Auf der Schnellstraße von Essen nach Kupferdreh war aber die Ausfahrt nach Niederwenigern gesperrt. Daher mussten wir eine Umleitung benutzen, die direkt über Kupferdreh führte. Das wäre ja alles nicht so schlimm gewesen, wenn da nicht auf der Straße, die wir dann befuhren, ein Stau gewesen wäre. Die Ursache des Staus war ein vermutlicher Unfall mit einem Radfahrer. Das konnten wir aber wegen der Schaulustigen nicht sofort erkennen.

Da mein Vater Rettungsassistent der Feuerwehr ist, gingen er und meine Mutter zu der Unfallstelle, wo mein Vater auch sofort versuchte, dem Radfahrer, der bewußtlos am Boden lag, zu helfen.

Inzwischen waren auch die Polizei und ein Notarztwagen eingetroffen. Mein Vater hat seinen Kollegen und dem Arzt aber immer noch helfen müssen, den Radfahrer zu reanimieren, das heißt wiederbeleben. Hinter uns bildete sich inzwischen ein langer Stau, aber die Polizei hatte die Durchfahrt für alle Autos gesperrt.

Da nur zwei Polizisten anwesend waren, die aber an der Unfallstelle genug zu tun hatten, durfte meine Mutter ihnen helfen, indem sie die wartenden Autofahrer zurückschickte und bat, einen anderen Weg zufahren. Viele zeigten Verständnis, aber einige schimpften auch. Während der ganzen Zeit mußten mein Freund und ich aber im Auto bleiben, weil wir nicht auch im Wege stehen sollten.

Als der Notarzt schließlich feststellte, daß dem Mann nicht

mehr zu helfen war, konnten wir weiterfahren, aber inzwischen war mehr als eine Stunde vergangen, und es hätte sich für uns nicht mehr gelohnt, nach Elfringhausen zufahren. Um aber den Tag doch noch sinnvoll zu nutzen, fuhren wir zum Langenberger Sender. Da gibt es einen Wald-Lehrpfad, wo man was über Bäume lernen kann, einen Teich und einen großen Spielplatz.

Abends gingen wir noch zusammen Pizza essen, und dann war es Zeit, nach Hause zu fahren, denn am nächsten Tag war ja Schule.

Am Montag stand übrigens in der Zeitung eine kleine Notiz über den Unfall. Der Radfahrer hatte demzufolge einen Herzinfarkt erlitten.

ANNA BRIX
Auf nach Grömitz

Hallo! Ich heiße Anna und möchte euch etwas erzählen: Letztes Jahr bin ich mit meinen beiden Freundinnen, Johanna und Alicja, in den ersten beiden Wochen der Sommerferien nach Grömitz an die Ostsee gefahren. Natürlich ohne unsere Eltern, aber auch nicht ganz alleine: Wir sind nämlich mit unserer Gemeinde gefahren.

Bei der Abfahrt hat Johanna geweint, doch Alicja und ich haben sie getröstet. Die Fahrt war lang, aber trotzdem schön: Wir hatten alle etwas Süßes mit und haben uns alles geteilt. Als wir dann endlich ankamen, war ich total fertig. Ich ging mit Johanna und Alicja auf unser neues Zimmer und wir packten unsere Jacken aus. Dann haben sich alle unten getroffen und Abendbrot gegessen.

Diese 14 Tage gingen total schnell vorbei. Wir haben viele Ausflüge gemacht, waren schwimmen und hatten viel Spaß miteinander. Bald schon stand der Tag der Abfahrt wieder vor der Tür. Wir packten unsere Sachen und schon saßen wir im Bus.

Als wir wieder zu Hause waren, musste ich vor Freude weinen. Meine Eltern und mein Bruder hatten schon auf mich gewartet. Etwas später kam auch meine Oma. Es waren zwei schöne Wochen, aber ich habe mich sehr gefreut, wieder zu Hause zu sein!

FRIEDERIKE BRUNE
Unterwegs

Es gibt viele Menschen, die unterwegs sind. Diese Menschen haben sich ein Ziel festgelegt und dahin sind sie unterwegs.

Manche Tiere, wie zum Beispiel Zugvögel, sind unterwegs. Sie fliegen im Winter in wärmere Länder, weil es den Vögeln hier zu kalt ist. Doch nicht alle schaffen es. Viele von ihnen werden erschossen.

Unterwegs sind auch wir Viertklässler. Wir sind unterwegs zu einer weiterführenden Schule. Viele von uns fragen sich immer wieder: »Wird unsere neue Schule gut sein? Werden wir neue Freunde und Freundinnen finden?« Und noch vieles mehr.

Doch auch Flüchtlinge, die aus anderen Ländern kommen, in denen Krieg herrscht, sind unterwegs. Im Urlaub und auf einer Klassenfahrt ist man auch unterwegs.

Manchmal ist man auch im Traum unterwegs.

Unterwegs ist man doch fast immer. Oder?

THERESE BUCKSTEGGE
Der Alptraum

Hallo, mein Name ist Therese und ich gehe auf die Bückmannshofschule.

Einmal machte ich mit meiner Klasse eine Klassenfahrt zum Bauernhof nach Emsdetten. Dort war es sehr schön. Es gab viele Tiere und wir haben viel unternommen.

Eines Abends sagte meine Klassenlehrerin: »Wir machen eine Nachtwanderung. Zieht euch warm an.«

Wir zogen uns schnell an und gingen hinaus in die dunkle Nacht. Draußen war es so still und dunkel, dass mir eine Gänsehaut über den Rücken lief. Im Wald rauschten die Bäume über uns, und es knisterte.

Plötzlich hörten wir ein Geräusch. Schnell machte ich die Augen zu. Als ich sie wieder aufmachte, waren die anderen weitergegangen. Ich rief nach ihnen, doch niemand antwortete. Da ich nicht wusste, woher das Geräusch gekommen war, hatte ich Angst. Also ging ich alleine weiter.

Auf einmal knackte es hinter mir im Gebüsch. Als ich mich umdrehte, stand da eine riesige Gestalt mit zotteligem Fell. Die roten Augen glühten wie Glut. Sie sah aus wie ein übergroßer Hund. Langsam kam die Gestalt auf mich zu.

Da schrie ich. Dann wachte ich auf. Ich lag in meinem Bett und hatte die Decke heruntergeworfen. Auf dem Hof gackerten ein paar Hühner und ein Hund bellte. Es war Nacht. Ich war froh, dass ich alles nur geträumt hatte. Wenn man aus dem Fenster schaute, konnte man den Vollmond sehen. Es kam mir so vor, als würde er mir zublinzeln. Schnell machte ich meine Augen zu und schlief weiter.

DENNIS BUDION
Unterwegs zur Ostsee

Ich heiße Dennis Budion, bin acht Jahre alt und wohne in Bochum-Dahlhausen. Meine Eltern und ich sind in den Herbstferien zur Ostsee gefahren. Wenn wir verreisen wollen, bin ich schon viele Tage ganz schön aufgeregt und kann es kaum erwarten, bis es losgeht.

Papa und Mama haben viele Sachen vorzubereiten, damit es ein schöner Urlaub wird. Auch ich packe einen Koffer mit einigen Spielsachen. Wenn wir dann auf der Autobahn sind, vertreibe ich mir die Langeweile, indem ich mir andere Autos und Wohnwagen ansehe, mit Mama und Papa Kennzeichen rate oder ich höre mit meinem Discman Musik.

Wenn es was Besonderes zu sehen gibt, sagt mir Mama immer, was es ist.

Was auch ganz interessant ist, ist eine Pause auf einem Rastplatz. Dort kann man viele Menschen und verschiedene Autos sehen. Ich habe auch schon viele Kinder auf solch einem Rastplatz kennengelernt.

Wenn es dann weitergeht, freue ich mich schon auf den Elbtunnel. Der ist ganz schön lang und wenn wir Glück haben, ist dieses Mal kein Stau davor. Wenn wir den Elbtunnel hinter uns gelassen haben, dauert es dann nur noch zwei bis drei Stunden, dann sind wir am Ziel.

Unser Ziel ist Damp 2000 an der Ostsee. Jetzt, wo es nicht mehr lange dauert, frage ich meist Papa schon, wann wir das Boot aufpumpen und zum Angeln fahren.

Papa sagt mir dann immer: »Wir müssen erst den Wohnwagen aufstellen, das Vorzelt aufbauen und andere Sachen machen, bevor wir ans Angeln denken können.«

Ich hoffe, dass meine Freunde auch alle da sind, damit ich wieder mit ihnen spielen kann. Aber das Allererste, was ich immer mache, wenn wir angekommen sind: mir das Meer ansehen.

Ich freue mich auch schon auf die Lagerfeuer, die wir am Strand machen. Meistens haben wir Kartoffeln im Feuer, Würstchen und Fische an Spießen. Das ist richtig gemütlich und macht riesigen Spaß. Natürlich machen wir noch viele andere schöne Dinge in dieser Zeit.

Leider vergehen die Tage viel zu schnell, und bald müssen wir nach Hause fahren. Am liebsten wäre ich immer im Urlaub.

EVA BUHREN
Liebe ist stärker

»Wie Romeo und Julia.«

»Da hast du Recht«, seufzte Conny, eine schon in die Jahre gekommene Yorkshire-Terrierin und sah etwas neidisch zu Peggy und Hans, die beide sibirische Huskies sind.

Plötzlich kann der Wärter des Tierheimes und öffnete den Käfig.

»Hier sind sie«, sagte er zu einem Mann, der ihm folgte.

»Oh, der sieht aber gut aus«, sagte der Mann und zeigte auf Hans.

»Ja, das sind auch richtige Huskies.«

Der Wärter zog Hans am Halsband aus dem Zwinger.

»Nein Peggy, ich will nicht weg!«, jaulte Hans, doch er wurde weggezogen.

Eine Woche später war es so weit. Der Mann der den Hans gekauft hatte, brachte den Hund ins Auto und sagte: »Bald ist es so weit, bald sind wir in Norwegen. Dort wollen wir einen Winter in der Polarregion verbringen, und du sollst mich beschützen und vor den Eisbären warnen.«

Und schon ging es los auf die Reise.

In der Zwischenzeit trauerte Peggy im Tierheim um ihren Hans.

»Na, komm Peggy, du musst doch etwas fressen«, redete Robby ihr zu.

»Ach Robby, ich vermisse meinen Hans so sehr, ich wünschte ich wäre bei ihm«, schluchzte Peggy.

»Wir helfen dir, keine Angst, du wirst deinen Hans schon wiedersehen«, machte Conny ihr Mut.

Danach schmiedeten Conny und Robby einen Plan. Am Abend kam der Wärter, um den Hunden ihr Fressen zu bringen. Und als er zu Conny, Robby und Peggy kam, ging es los. Robby jaulte wie von einer Biene gestochen. Der Wärter kam sofort zu Robby, um zu sehen was da los ist. Aber den Fehler, den er machte, war, dass er die Türe offen gelassen hatte. Dadurch konnte Peggy unbemerkt entwischen.

Sie rannte durch die Gänge, hinaus auf die Straße, immer weiter und weiter die Straße hinauf. Als sie den Wald erreicht hatte, legte sie sich auf das Laub und versuchte zu schlafen. Aber sie träumte nur unruhig von der Zeit, als sie mit Hans in Spitzbergen lebte und sie ihren Herrn vor wilden Tieren beschützten. Peggy hatte Angst um Hans. Sie träumte von dem alten weisen Husky, den alle Hunde nur Großvater nannten. Er erzählte abends immer von seinen Erlebnissen, als er noch jung war.

Eine seiner Geschichten war, dass sein bester Freund versucht hatte, es alleine mit einem Eisbären aufzunehmen. Davor warnte er die jungen Hunde immer wieder, denn sein bester Freund war dabei von einem Eisbären tödlich verletzt worden. Für Peggy war es eine schreckliche Nacht.

Aber auch für Hans war es schrecklich, denn er wusste, dass er Peggy vielleicht nie mehr wiedersehen würde. Sein neues Herrchen war heute schon früh auf den Pfoten. Er brachte Hans das Futter und ein großes Stück Papier. Es war eine Landkarte. Er breitete sie auf dem Boden aus und zeigte auf das Land Deutschland.

»Hier sind wir in Deutschland, und dann fahren wir so entlang nach Dänemark. Von Dänemark fahren wir mit dem Schiff nach Schweden, von Schweden nach Finnland und von dort wiederum nach Norwegen. Dann geht es mit dem Schiff weiter zur Insel Spitzbergen«, erklärte er.

»Spitzbergen? Habe ich mich da mit meinen Schlappohren verhört, oder hast du eben Spitzbergen gesagt?«, jaulte Hans voller Freude und leckte sein Herrchen von oben bis unten ab.

Hans rannte auf die Terrasse in den Garten, um Peggy über das Hundebellophon zu benachrichtigen. Er würde in seine alte Heimat zurückkehren. Aber da fiel ihm ein, dass er gar nicht wusste, wann die Reise beginnen würde. Da er sein Herrchen nicht einfach fragen konnte, wann es losgeht, trottete er zurück in die Küche. Er wusste, dass sein Herrchen dort immer alles wichtige in einem Kalender aufschrieb. Da stand es. Es blieben nur noch zwei Tage, um Peggy zu sehen und sie natürlich mitzunehmen.

Also zurück in den Garten und losgebellt. Als erstes erreichte das Bellen eine Dogge namens Doggy, dann Bobbi den Bobtail. Über zwei weitere Dalmatiner und einen Schäferhund erreichte das Bellophon schließlich Peggy.

Sie hatte es gelernt, bei einem Bellophon immer genau aufzupassen, um die Nachricht genau weitergeben zu können. Also spitzte sie die Ohren.

»An den Sibirischen Husky Peggy. Wenn du es schaffst, in zwei Tagen zur Leopoldstraße 55 zu kommen, könnten wir zusammen nach Spitzbergen fahren. Dein Hans.«

Peggy konnte es nicht fassen, dass die Nachricht von Hans stammte. Und als Peggy sich wieder eingekriegt hatte, bellte sie gleich darauf los. Sie fragte durch die ganze Hundemenge, die in der Nähe war, wie sie zur Leopoldstraße 55 kommen würde. Ein sehr alter Bernhardiner half Peggy schon ein ganzes Stück. Dann übergab der Bernhardiner Peggy an einen Mischling, der ihr sogar die Hälfte seines Fressens abgab. Peggy dankte ihm aus ganzem Herzen, denn sie hatte schon lange nichts mehr gegessen. Nach zwei weiteren Mischlingen war es bereits schon dunkel und einer der beiden Hunde bot ihr an, bei ihm zu schlafen. Peggy nahm das Angebot an, aber nur unter der Bedingung, dass sie am Morgen ganz früh weiterziehen können.

Hans, der sich Sorgen machte, dass die Nachricht auch wirklich bei Peggy angekommen war, konnte diese Nacht überhaupt nicht schlafen. Jedes Mal, wenn er ein Geräusch hörte, schreckte er auf. Und seine größte Sorge war, dass Peggy es vielleicht nicht rechtzeitig mehr schaffen könnte. Peggy ging es genauso. Sie hatte Angst, dass sie nicht rechtzeitig bei Hans ist. Deshalb weckte sie den Mischlingshund Minni mitten in der Nacht auf und er erklärte ihr wie sie zur Leopoldstraße 55 kommen würde. Er brachte sie noch bis zum Tor und dann verabschiedeten sie sich.

Als Peggy die Schlossallee erreichte, ging die Sonne auf und sie spürte, wie ihre Pfoten brannten. Die Huskyhündin rannte zum Marktbrunnen, sprang hinein, um sich die Pfoten zu kühlen und zu trinken.

Hans hatte keinen großen Hunger, als sein Herrchen ihm sein Futter gab. Denn als er sah, dass sein Herrchen die Koffer, die schon seit Tagen im Flur standen, nach draußen brachte und in das Auto einlud, wusste er, dass es bald losging.

Peggy, die es jetzt irgendwie im Gefühl hatte, dass es zu spät war, rannte weiter. Zur Leopoldstraße war es nicht mehr weit. Peggy rannte so schnell sie konnte.

»32, 33… bald bin ich da, bald habe ich es geschafft, nur noch ein paar Meter, gleich... Was ist das? Das ist doch nicht etwa... Nein! Halt! Stopp! Hans!«, bellte sie. »Ich bin zu spät«.

Hans, der Peggy aus dem Fenster sah, konnte es nicht fassen. Nur eine Minute früher hätte Peggy es geschafft. Aber Hans Herrchen konnte es nicht wissen. Er fuhr weiter über die Landstraße. Hans, dem im Moment nichts besseres einfiel, tat so, als ob er mal müsse. Sein Herrchen fuhr auf die nächste Tankstelle, stellte den Wagen ab und öffnete die Tür. Auf diesen Augenblick hatte Hans nur gewartet. Er sprang über sein Herrchen hinweg und rannte Peggy entgegen. Als sie sich an einem Strauch trafen, war die Freude groß. Aber da hörten sie schon Hans Herrchen rufen.

»Also hör zu, Peggy! Wir machen es so: Du rennst zum Auto, springst hinein und kletterst nach hinten, wo dich mein Herr nicht findet. Wenn du dich gut versteckt hast, bellst du dreimal ganz laut. Danach komme ich zum Auto. Einverstanden?«

»Ja, klar, uns bringt nichts mehr auseinander.«

»Okay, los Peggy, lauf!«

Und es hatte keine Minute gedauert, bis Peggy bellte und Hans kommen konnte. Sein Herrchen war leicht verärgert. Und schon ging die Reise weiter, mit Peggy im Gepäck. Die Fahrt dauerte und dauerte. Als sie die erste Fähre erreicht hatten, musste Hans im Auto bleiben. Aber das war kein bisschen schlimm, denn Peggy war ja bei ihm.

Als sie endlich den Polarkreis überquerten, sagte Hans Herrchen: »Bald sind wir da.«

Zwei Tage vergingen. Damit Peggy auch mal an die frische Luft kam, fiel den beiden auch immer etwas ein. Als sie dann auf der Insel Spitzbergen in einer einsamen Hütte waren, bemerkte das Herrchen von Hans immer noch nicht, dass sie zu dritt waren.

Plötzlich hörte Peggy ein lautes Brummen und ein schmerzhaftes Jaulen. Peggy, die sich im Geräteschuppen einquartiert hatte, rannte vor die Hütte, wo ein riesiger Eisbär sich aufbäumte und krachend zu Boden zurückfiel. Peggy, die nur die Augen auf den am Boden liegenden Hans gerichtet hatte, spürte aus einem Urinstinkt, dass sie so laut bellen musste, wie sie nur konnte. Dieses Bellen brachte den neuen Einsiedler mit einem Gewehr nach draußen. Er sah den Eisbären und schoss mit dem Gewehr in die Luft. Erschreckt ergriff der Bär die Flucht.

Peggy rannte zu Hans, der blutend im Schnee lag. Der Schnee um ihn färbte sich blutrot. Vorsichtig brachte der Mann Hans in die Hütte. Peggy, die ihn alarmiert hatte, blieb draußen. Doch als der Mann mit einer Kopfbewegung in die Hütte zeigte, zögerte Peggy nicht lange.

Der verletzte Hans musste ein paar Tage vor dem Kamin liegen bleiben. Er war Peggy für die Rettung dankbar.

Ja, und Peggy? Die durfte für immer bei ihm bleiben. Alle drei waren glücklich und sind gute Freunde geworden. Die Hunde wachten in den Polarnächten über den Mann, der ein Buch über das Leben mit Hunden im Polargebiet schrieb.

TOLGA CARKIR
Der Mond

Wenn der Mond unterwegs ist, trifft er die Planeten Saturn, Venus, Sonne und Jupiter. Er wandert um die Welt.

Wenn es Nacht ist, können wir alle den Mond sehen. Aber wenn wir morgens aufstehen, taucht die Sonne auf.

Wir sehen den Mond morgens nicht, sehen können wir ihn aber fast jede Nacht.

Es macht Spaß, den Mond anzusehen, denn er leuchtet schön. Er ist jede Nacht unterwegs. Mal Vollmond, mal Halbmond.

JANIS CIUK
Unterwegs

Am 13. Juli 2000 waren meine Mama und ich unterwegs nach Griechenland. Mein Papa war nicht dabei, weil er arbeiten musste. Wir fuhren mit einem Bus.

Sechs Grenzen haben wir überquert und da passierten komische Sachen: Wir mussten mit Schuhen in eine Schüssel rein und da war Wasser drin.

Danach mussten wir Zahlen auswendig lernen.

Ich dachte nur: *Schlimmer kann es nicht mehr werden!*

Dann passierte es, wir mussten zwei Stunden an einer Grenze stehen, und das Beste war, sie hatten ein kleines Häuschen, wo große Scheiben drin waren, und dadurch konnte ich sehen, wie ein Mann Karten auf einem Computer spielte.

Als wir in Griechenland angekommen waren, dachte ich: *Na ja, so schlimm war die Reise nicht!*

In Griechenland war es sehr schön, und da war bis zu 49 °C.

Nur ich fand es nicht so gut, weil mein Papa nicht dabei war. Aber es war trotzdem schön.

SIBEL COKKOSAN
Ich bin der Regentropfen

Draußen, wenn es regnet, falle ich auf Häuser, Dächer, Regenschirme, auf den Boden und so weiter.

Ich bin der Regentropfen und mache alles nass. Der Boden wird nass und es bilden sich Pfützen.

Manche Leute freuen sich, wenn ich runterfalle, und manche Leute stellen sich Regenschirme auf.

Wenn die Sonne scheint, dann muss ich leider weg.

SABRINA CORNELISSEN
Mein schönster Urlaub mit Katja

Wir waren letztes Jahr in den Sommerferien auf einem Bauernhof in Österreich. Da habe ich ein Pferd namens Katja kennengelernt. Katja ist braun mit hellbrauner Mähne und sie hatte ein Fohlen, das ebenfalls braun war. Ich habe die Bäuerin gefragt, ob ich sie reiten darf, und die Bäuerin hat es mir erlaubt. Ich durfte sofort auf ihr reiten. Ich wurde geführt und es hat großen Spaß gemacht.

Nur Katja ist dauernd stehen geblieben, sie wollte einfach nach ein paar Metern nicht weiter gehen. Das kleine Fohlen hatte mich immer in den Schuh gebissen. Ich konnte mir nicht erklären, warum Katja nicht mit mir laufen wollte.

Nach einer halben Woche haben wir Zuckerstückchen gekauft. Zuerst habe ich mich nicht getraut, es ihr zu geben, aber als Papa ihr den Zucker mit der flachen Hand reichte, habe ich es auch versucht. Mit dieser kleinen Näscherei ließ sich Katja überzeugen, auch mal ein wenig weiter zu laufen.

Fast jeden Morgen bin ich mit dem Fahrrad zum Brötchen holen gefahren. Der Katja und dem Fohlen habe ich dann immer ein Zuckerstückchen mitgebracht. Als ich wieder zurück kam, kam Katja schon immer angelaufen. Sie hat gewartet, dass ich sie streichle und füttere. Nur langsam konnte ich mich jedesmal von Katja trennen.

Nach dem Frühstück sind wir meistens wandern gegangen. Einmal durfte ich jedoch alleine in der Ferienwohnung bleiben und natürlich bin ich sofort zur Katja gegangen und habe sie gestreichelt, gefüttert und an der Leine geführt. Als es mir zu langweilig wurde, bin ich Fahrrad gefahren.

In den zwei Wochen bin ich oft auf Katja geritten. Wenn man Katja mit Äpfeln oder Brot gelockt hat, ist sie nicht mehr stehen geblieben, sondern durchgelaufen. So hat das Reiten viel Spaß gemacht.

Der letzte Urlaubstag war nun auch vorbei und am nächsten Morgen sind wir nach Hause gefahren. Dieser Tag war sehr traurig und ich konnte mich kaum von Katja und dem Fohlen trennen. Seitdem muss ich oft an Katja und ihr Fohlen denken.

MELVIN DAUTER
Unterwegs sein – vor und in dem Urlaub

Meine Mutter und ich waren einmal voll in der Hetze.

Es war einen Tag vor dem Flug nach Palma de Mallorca und wir hatten die Koffer noch nicht gepackt. Wir waren dauernd unterwegs, von einem Laden zum anderen, rasten zu meiner Oma, um Proviant zu holen und haben Spielsachen eingepackt.

Wir hetzten zum Düsseldorfer Flughafen und warteten auf unseren Flug. Dann sind wir in das Flugzeug eingestiegen und sahen endlich in der Luft, wie Deutschland schrumpfte.

Als wir in Palma de Mallorca landeten, suchten wir am Eingang A, B, C und D Mamas Freundin Viviana, die dort warten sollte.

Schließlich fanden wir sie und haben sie begrüßt. Anschließend suchten wir ein Taxi und der Taxifahrer raste bald los.

Als wir in der Wohnung von unserer Freundin waren, rief ich: »Juchhu, wir sind da.«

Wir haben uns ein Auto gemietet und sind zu unserer Wohnung gefahren. Und dann fing der Alptraum an: jeden Tag nur Eis essen, einkaufen, Autofahren, Strecken laufen und klettern.

Das waren drei Wahnsinnswochen.

JENNIFER DEUSE
Mein Geburtstag

Da ich im Juli geboren bin, habe ich fast immer in den Sommerferien Geburtstag. In diesem Jahr flogen wir nach Gran Canaria. Als wir in unser Haus einzogen, saß eine große graue Katze vor unserer Haustür. Ich gab ihr den Namen Berta.

Da mein Vater die Meinung vertritt, Tiere gehören nicht ins Haus, verbot er mir, Berta mit in den Bungalow zu nehmen. Sie verfolgte uns auf Schritt und Tritt. Abends nahm ich ihr immer die feinsten Leckereien vom Buffet mit.

Am dritten Juli hatte ich Geburtstag. Meine Mutter stand sehr früh auf, um für mich den Geburtstagstisch vorzubereiten. Sie weckte mich und bat mich, sehr leise zu sein. Wir gingen mit einem Fotoapparat ins Schlafzimmer und ich sah die Bescherung. Berta lag mit ihrem Hinterteil auf Vaters Gesicht, der Schwanz hing an seinem Ohr herunter. Durch unser Gelächter wurde mein Vater wach. Er sprang erbost auf und ging duschen.

Nachmittags gingen wir in einen Vergnügungspark. Dort fand eine Vorstellung mit Seelöwen statt. Zu Beginn der Vorstellung fragte der Dompteur, ob sich ein Geburtstagskind unter den Zuschauern befände.

Ich meldete mich und durfte dem Dompteur mit seinen Seelöwen, die viele Kunststücke vorführten, helfen. Zum Schluss der Vorstellung brachte der größte Seelöwe mich auf Anweisung des Dompteurs auf meinen Platz zurück. Er gab mir seine Flosse und küsste mich auf meine Wange. Meine Eltern bekamen auch einen dicken fischigen Kuß. Mein Vater wäre am liebsten sofort unter eine Dusche gesprungen.

Als wir spät abends nach Hause kamen, beschlossen wir, noch in den Pool zu gehen. Vater, Mutter und ich tauchten durch das Becken. Vater, der als erster auftauchte, schrie laut auf. Vor ihm saß Berta und wartete auf ihr Abendessen. Meine Mutter und ich besorgten sofort etwas zu essen.

Für meinen Vater war das alles zuviel. Er ging zurück zu unserem Bungalow, vergewisserte sich, dass keine Katze im Haus war und legte sich schlafen.

Für mich war es ein wunderschöner Geburtstag, den ich nie vergessen werde.

MANDY DOTZKI
Die Fahrt nach Norddeich

Als wir im letzten Jahr in die Jugendherberge nach Norddeich fuhren, war ich sehr aufgeregt.

Wir sind mit einem großen Zug gefahren. Meine Freundinnen und ich hatten ein Abteil ganz für uns alleine. Ich glaube, sie waren auch sehr aufgeregt. Wir haben unterwegs viel Interessantes gesehen, zum Beispiel Kühe, Pferde, sehr viele Vögel und viele komische Mühlen. Während der ganzen Fahrt haben wir auch viel gelacht und auch das erste Blatt unseres Tagebuches geschrieben.

Plötzlich kam eine der Mütter, die uns begleiteten, in unser Abteil und sagte: »In etwa zehn Minuten sind wir da.«

Wir antworteten: »Schade, wir wären auch noch länger gefahren, denn die Zugfahrt war so schön! Aber okay, wir ziehen unsere Jacken an!«

Wir haben weiter darüber geredet, was uns dort in der Jugendherberge erwarten würde. Dabei haben wir ganz vergessen, unsere Jacken anzuziehen.

Als wir fast angekommen waren, kam wieder eine Mutter herein und sagte: »Ihr Quatschtanten, macht hin und zieht endlich eure Jacken an!«

Nun sind wir ausgestiegen. Das war die schönste Zugfahrt, die ich erlebt habe.

CARINA DRÜHL
Die Begegnung mit dem Wildschwein

Als ich im Wald spazieren ging, hörte ich hinter mir ein lautes Wiehern. Es war ein Pferd. Ich setzte mich auf das Pferd und ritt davon.

Dann ritt ich über Wiesen, Berge und Täler. Da merkte ich, dass das Pferd müde war und stieg ab.

Plötzlich hörte ich ein lautes Grunzen. Deshalb drehte ich mich um, da sah ich ein Wildschwein.

»Hilfe«, schrie ich.

Da verfolgte mich das Wildschwein und ich musste wegrennen. Ich rannte und rannte, so schnell ich konnte.

Dann spürte ich die Nase von dem Wildschwein. Es stieß mich so fest, dass ich bis nach Hause flog.

Leider landete ich sehr hart.

Als ich die Augen vom Sturz wieder öffnete, dachte ich: *Das war ein aufregender Tag.*

Danach stand ich auf, öffnete die Tür und ging ins Haus hinein.

DANIEL EBBRECHT
Nasse Hose

Als ich sieben Jahre alt war, bin ich mit meiner Familie in den Krefelder Zoo gefahren.

Im Laufe des Tages haben wir viele Tiere gesehen. Als wir gerade nach Hause fahren wollten, passierte es.

Wir kamen an dem großen Kamelgehege vorbei. Uns trennte nur eine breite, tiefe Rinne von den Tieren. Diese war voller Kamelgülle.

Ich lief auf dem Rand, Mama sagte noch: »Daniel, pass auf, dass du nicht in die Rinne fällst.«

Aber da war es schon zu spät. Ich lag drin.

Als wir am Auto ankamen, stank ich wie ein Kamel und musste mich erst mal bis auf die Unterwäsche ausziehen.

MORITZ EHLERS
Reise in Gedanken

Man kann nur überall hinreisen, wenn man genug Geld für Flugzeugtickets oder Benzin für das Auto hat. Stimmt? Nein!

In Gedanken kann man überall hin.

Zum Beispiel: Wenn ein Kind nach Spanien möchte. Oder einfach in ein anderes Land. Da muss man einfach nur dran denken.

Nur wenn man träumt und gestört wird, da ist man sauer, dass man doch nicht da ist. Vielleicht kommt man ja wirklich hin.

DOROTHEE EIKELBERG
Unterwegs für einen guten Zweck

Am sechsten Januar war ich den ganzen Tag mit meiner Schwester und all den anderen Sternsingern unterwegs. Der Zweck der Aktion war, Geld für arme Kinder in Afrika und Lateinamerika zu sammeln, damit die Kinder etwas zu essen bekommen und zur Schule gehen können, um etwas zu lernen.

Wir alle waren entweder als Melchior, als Balthasar oder als Kasper verkleidet. Oder man war Sternträger. Ich bin als Mohr Melchior mit gestreifter Pluderhose, einer Kette und einer Krone gegangen. Meine Schwester war als Balthasar unterwegs.

In der Kirche haben wir den Sternsingersegen erhalten. Anschließend sind wir von Haus zu Haus gegangen und haben Geld für die armen Kinder in Afrika und Lateinamerika ersungen und haben unseren Sternsingerspruch aufgesagt.

Es war ein anstrengender, aber aufregender und schöner Tag für einen guten Zweck.

JOËL EKHOFF
Der fliegende Sessel

Vor zwei Wochen hatte ich mit meiner Mutter einen Sessel gekauft. Ich hatte mich gefreut, dass der Sessel groß und blau war, denn er hat gut zu meinem Zimmer gepasst.

Als er dann in meinem Raum stand, habe ich mich direkt auf meinen Sessel gesetzt. Dann habe ich mir vorgestellt, dass ich mit meinem Sessel fliegen konnte.

Plötzlich wackelte der Sessel.

Eine Stimme sagte: »Türen schließen, anschnallen und bitte Vorsicht beim Abflug!«

Auf einmal öffnete sich das Fenster und der Sessel schwebte aus dem Zimmer heraus.

Ich flog genau auf den RWE-Turm zu und ich sah die Leute am Computer arbeiten.

Etwas später kamen mir Vögel entgegen. Eine Feder blieb im Sessel stecken. Plötzlich landete ich auf dem Rathaus und ich hatte eine schöne Aussicht.

Aber was war das? Der Sessel rappelte gewaltig.

Ich hatte die Augen zu und plötzlich lag ich in meinem Zimmer.

Vor mir stand der Sessel mit der Feder. War die Geschichte jetzt echt?

Oder war das alles nur ein Traum?

TIMUR ELMALI
Unterwegs auf einem Schiff

Wir fuhren in den Hafen von Venedig. Fünf Stunden hatten wir mit dem Auto gebraucht. Angekommen warteten wir auf unser Schiff, das uns in die Türkei fuhr. Gleich danach öffnete sich das ganze Vorderteil. Ungefähr vierhundert Autos fuhren heraus. Nach langer Wartezeit durften wir endlich hinein.

Jetzt gingen wir auf unser Zimmer, von da aus direkt aufs Deck. Wir entdeckten zwei Delfine, die hin und her sprangen.

Als wir zum Abendessen gingen, riefen alle begeistert: »Guckt mal, wir fahren durch die Meeresenge von Korinth!«

Wir liefen aufs Deck und schauten uns um. Einige Leute stiegen auf eine Leiter und fotografierten, dass die Wände immer näher kamen. Ich hatte etwas Angst, weil unter dem Schiff nur wenig Wasser und wenig Platz zwischen dem Schiff und den Wänden war. Als wir durch die Meeresenge durch waren, war ich froh.

Am nächsten Morgen lief ich zum Swimmingpool. Als ich hineinsprang und die Augen aufmachte, brannten sie, weil es Wasser aus dem Meer war. An diesem Mittag kamen wir in der Türkei an. Das Vorderteil klappte wieder auf. Diesmal durften wir als erste heraus.

JULIA ELSENHEIMER
Kleiner sein!!

Ich bin das kleinste Mädchen aus unserer Klasse. Wenn ich neben meinen großen Freundinnen gehe, sieht das doof aus und ich muss immer an ihnen hoch gucken.

Aber ich weiß, dass ich irgendwann einen Schuss nach oben machen werde, ich bin ja noch unterwegs.

KERSTIN ENGBRING
Busgedicht

Morgens fahre ich zur Schule
mit meiner Freundin Jule.
Wir fahren mit dem Bus
und an der Schule ist Schluss.
Wir sahen viele Straßen,
auf denen Zebras saßen.
Auf den Ampeln standen Männchen,
die leuchteten wie Lämpchen.
Rot heißt steh'n,
grün heißt geh'n,
das kann doch wohl jeder sehen.
Leute gingen hin und her,
Was war das für ein Verkehr.
Tausend Autos waren unterwegs,
Jule und ich aßen einen Keks.
Ich sah eine Maus
und dann ist die Geschichte aus.

SVEN ENGELSKI
Unterwegs auf neuem Pfad

Im Sommer verlasse ich die Grundschule und möchte dann zu einer anderen Schule. Etwas habe ich Angst, dass ich keine Freunde finde oder ich es nicht schaffe. Ich wünsche mir nette Lehrer und Lehrerinnen, sie sollen mich bitte nicht anschnauzen und Verständnis haben.

Ich freue mich auf die verschiedenen Fächer wie zum Beispiel: Physik, Geschichte, Erdkunde, Sprache und Sport. Dann möchte ich nette Kameraden finden.

Was ich nicht so gut finde, sind die vielen Hausaufgaben, die man dort bekommt. Das weiß ich von meiner Schwester.

Wenn ich dort bin, möchte ich mehr lernen, weil ich gute Arbeiten schreiben will. Alle sollen staunen! Hoffentlich klappt es.

Ich freue mich darauf, dass ich mit der U-Bahn zur Schule fahren kann. Dann kann ich mit dem City-Roller weiter fahren. Es wird bestimmt sehr gut sein: Ich auf neuem Pfad.

YAGMUR ERDEM
Unterwegs-Traum

Ich bin im Traum immer unterwegs. Ich gehe und gehe, komme immer wieder an die gleiche Stelle.

Es sind immer drei Wege da. Ich gehe immer zu dem mittleren Weg und gehe, der Weg geht immer zu Ende. Ich laufe immer wieder zurück. Und dann gucke ich zurück und der Weg ist verschwunden.

Und dann weine ich und sterbe.

JUDITH ERNST
Das leuchtende Einhorn

Im Sommer war ich einmal mit meinen Freundinnen in einem Ferienlager. Dort machten wir eine lange Nachtwanderung durch einen dunklen Wald, der uns sehr geheimnisvoll vorkam.

Plötzlich sah ich ein sehr, sehr helles Licht. Ich sagte es voller Entsetzen meinem Betreuer Matthias.

Doch der antwortete mir: »Das ist eines der wenigen Einhörner, die auf der Welt noch existieren.«

Ich überlegte: »Kann es sein, dass die Betreuer uns nur veräppeln wollen? Was kann das denn sonst noch sein?«

Nach einer Stunde waren wir immer noch im Wald und ich überlegte immer noch. Da fiel mir ein, es könnte doch auch eine Laterne sein, die dort im Dunkeln leuchtete.

Deswegen fragte ich meinen Betreuer noch einmal: »Ist das wirklich ein Einhorn und nicht eine Laterne?«

Matthias flüsterte. »Ja, aber sag es nicht den anderen Kindern.«

Aber die anderen Kinder bemerkten es auch bald und wir lachten noch lange über diese Geschichte.

NIKLAS EYLE
*Konrad & Nick auf der Suche nach dem
verlorenen Schatz der Werwölfe*

In den letzten Schulferien machten mein Freund Konrad und ich einen Besuch im Ruhrlandmuseum.

Der Museumswärter erlaubte uns ausnahmsweise, eine antike Vase in die Hand zu nehmen. Als er für einen kurzen Moment ans Telefon ging, machte ich eine Entdeckung. In der Vase steckte ein vergilbter Plan. Als wir den Plan neugierig betrachteten, stellten wir fest, dass es sich um eine Schatzkarte handeln mußte. Wir stellten außerdem fest, dass der Fluß, der auf der Karte eingezeichnet war, die Ruhr vor circa 200 Jahren gewesen sein musste. Also fuhren wir am nächsten Tag direkt mit unseren Fahrrädern los, Richtung Ruhr. Von dort aus starteten wir Richtung Nordosten an den damaligen Flammen der Ewigkeit vorbei.

Auf einmal hielt Konrad mich an und sagte: »Pass auf, hier ist die Stelle mit dem Treibsand.«

Da sagte ich: »Konrad, bei dir piept's wohl, das war vor 200 Jahren so.«

Wir folgten dem Weg weiter nach Nordwesten, bis wir an einer Wegkreuzung ankamen, die sich wohl auch über die vergangenen 200 Jahre gehalten hatte.

Wir gingen weiter nach Osten und überquerten den ehemaligen Schlund der Drachen. Danach machten wir eine Pause und aßen die Schinkenbrote, die meine Mutter uns auf den Weg mitgegeben hatte.

Als wir dann an der heutzutage schön anzusehenden Todesbrücke ankamen, merkten wir, dass an der alten Ruine am Friedhof der Werwölfe ein Kreuz abgebildet war.

Wir gingen zurück nach Westen, zur Wegkreuzung. Allmählich zogen graue Wolken auf und es fing leicht an zu regnen. Beim Betreten des Friedhofes der Werwölfe, den man jetzt allerdings nicht mehr als Friedhof bezeichnen konnte, weil über die 200 Jahre von ihm nur noch ein paar Steinchen übriggeblieben waren, fing es fürchterlich an zu regnen. Ich sagte zu Konrad: »Schnell, ziehen wir unsere Regencapes an.«

Als wir das kleine Gelände abgesucht hatten, sagte Konrad empört: »Wo soll denn hier ein Schatz liegen?«

Ich gab zur Antwort: »Holen wir unsere Schaufeln und graben in den Resten der alten Ruine.«

Und tatsächlich, wir gruben ungefähr einen Meter, bis wir auf etwas Hartes stießen. Konrad sagte: »Das ist er, das ist er!«

Da sagte ich: »Dann wollen wir ihn mal herausholen.«

Wir hoben die Kiste aus dem Boden und stellten sie sofort ab, weil sie ziemlich schwer war. Mit der Kiste in den Händen, folgten wir dem Weg nach Süden, bis wir am Treibsand ankamen. Dort erlaubte ich mir einen kleinen Jux und sagte zu Konrad aufgeregt: »Pass auf, du trittst in den Treibsand.«

Konrad erschrak und blieb sofort stehen. Nachdem er sich von dem kurzen Schreck erholt hatte, mussten wir beide schallend lachen. Wir folgten dem Weg Richtung Südwesten bis zu unseren Fahrrädern und stellten die große schwere Kiste in meinen Fahrradanhänger, den ich mitgenommen hatte, um den Schatz zu transportieren. Ich schloss das Verdeck und wir fuhren los. Wir waren beide sehr aufgeregt, was würde uns gleich erwarten.

Zuhause angekommen, schnappten wir uns Papas Werkzeugkasten und schon nach fünf Minuten hatten wir das Schloß aufgebrochen. Wir öffneten den Deckel vorsichtig und glaubten unseren Augen nicht zu trauen, vor uns lag, wie es den Anschein hatte, das erste wiedergefundene Dracheneit, das wohl aus dem Schlund der Drachen stammte. Am nächsten Tag gingen wir zum Museumsdirektor und zeigten ihm unseren Fund. Wir erzählten alles von A bis Z. Der Museumsdirektor war so aufgeregt, daß er nur noch stotterte: »Dddrrraaaccchhheeennneeeiii?«

Unseren sensationellen Fund vom Friedhof der Werwölfe kann man heute jederzeit im Ruhrlandmuseum bewundern.

ANNISA FEHRE
Angst in der Schweiz

Wir waren in dem Autozug, der uns in die Schweiz brachte. Ich war sehr aufgeregt. Meine Geschwister ebenso. Ein sehr spannendes Buch hatte ich mit. Also legte ich mich auf ein Bett und begann zu lesen, wurde aber bald abgelenkt, weil meine Geschwister sich im ganzen Zug umsehen wollten. Das wollte ich mir natürlich nicht entgehen lassen. Ich legte mein Buch weg und ging mit meinen Geschwistern mit, während meine Eltern was anderes machen wollten.

Die automatischen Türen fand ich total gut. Inzwischen wurde es Abend. Das Zugpersonal brachte unser Abendessen. Nach ein paar Spielen und Gezanke, wer von uns das höchste Bett kriegt, waren wir alle in unseren Betten, wo wir dann einschliefen.

Plötzlich sah ich einen großen Berg mit ganz viel Schnee. Ich packte meinen Schlitten und kletterte den Berg hoch. Neben mir war eine gute Rodelstrecke. Plötzlich, ganz plötzlich kam ein Schneesturm auf. Bei so einem Sturm wollte ich nicht runter rodeln. Ich nahm meinen Schlitten und versuchte herunter zu klettern. Aber bei dem Schneesturm konnte ich nichts sehen. Die Angst überkam mich. Was ist, wenn ich den Weg nicht mehr zurück finden würde? Ängstlich kletterte ich runter zu der Seite, wo ich meine Familie vermutete.

Da ich in dem Schneesturm nichts sehen konnte, musste ich mich vorantasten. Endlich sah ich den Umriss einer Höhle und trat ein. Zwei grüne Augen funkelten mich an. Was war das? Vorsichtig tastete ich danach und bekam etwas Zotteliges zu fühlen. Ein durchdringendes Brummen ertönte. Vor Schreck blieb fast mein Herz stehen! So leise es ging, schlich ich mich rückwärts. Aber die Augen kamen immer näher und näher. Jetzt rannte ich zurück. Der Schneesturm hatte sich gelegt. Ich sah um mich und sah den Bären immer näher kommen! Der Bär war nur noch einen Meter hinter mir.

Ich spürte schon die Tatze auf meiner Schulter, da hörte ich: »Aufstehen!«

Verwundert sah ich mich um und sah meine Mutter. Sie hatte die Hand auf meine Schulter gelegt. Jetzt begriff ich, dass die Pfote des Bären nur die Hand meiner Mutter war.

KATERINA FEULNER
Die Reise ins All

Eines Tags ging ich mit meiner Freundin Laura in den Wald spazieren. Plötzlich entdeckten wir am Rande einer Waldlichtung eine riesige silbrigglänzende Rakete. An der Rakete stand eine Leiter und Laura und ich waren neugierig, wie die Rakete wohl von innen aussieht.

Also krabbelten wir beide die Leiter hinauf. Zum Glück stand die Tür auf und wir gingen in die Kommandozentrale. Hier waren Tausende von leuchtenden Knöpfen und glitzernden Schaltern. Es war sehr eng und Laura stieß mit ihrem Arm an einen Schalter und plötzlich begann die Maschine zu wackeln.

Mit lautem Getöse hob die Rakete ab und von den kleinen Fenstern konnten wir nur noch die Erde als kleinen Punkt sehen. Wir flogen mit riesiger Geschwindigkeit ins große All. Zuerst hatten Laura und ich Angst, doch dann gewöhnten wir uns an die Rakete.

Auf einmal stießen wir auf einen großen Planeten und die Rakete drehte sich wieder in Richtung Erde. Es war sehr komisch, denn die Rakete landete genau auf dem alten Landeplatz.

Es standen dort sehr viele Leute und starrten uns an. Mit großem Applaus verließen wir die schöne Rakete.

SOPHIE FREITAG
Unterwegs am Gardasee

Im letzten Jahr waren wir in den Sommerferien am Gardasee. Unsere Freunde waren auch mit dabei. Es war immer ganz warm und wir konnten jeden Tag schwimmen gehen.

Besonders toll war es, wenn wir mit unseren Motorbooten zu den Klippen von Sirmione oder zur Pommes-Insel gefahren sind. Die Klippen sind etwas unter Wasser und ganz glitschig. Wenn man darüber läuft, ist es wie auf einer Rutschbahn und man fällt oft ins Wasser. Die Pommes-Insel kann man nur mit dem Boot erreichen. Sie ist ganz klein und mitten drauf ist ein Berg. Sonst gibt es dort nur noch eine kleine Bude, an der man Pommes essen kann.

Wenn wir dann zum Campingplatz zurückgefahren sind, durften wir immer mitten im See schwimmen gehen, das ist ein bißchen unheimlich, denn der See ist ganz tief und man kann den Boden gar nicht sehen.

Abends haben wir dann immer zusammen mit unseren Freunden gekocht und anschließend gegessen. Das war sehr lustig, denn wir mussten immer drei Tische zusammenstellen, damit wir mit 16 Personen essen konnten. Nach dem Essen haben die Väter gespült und die Mütter mussten abtrocknen.

Kurz bevor es dunkel wurde, haben wir dann manchmal noch mit italienischen Kindern zusammen am Steg geangelt, aber leider keine richtigen Fische gefangen und wenn dann das Abendlied durch den Lautsprecher kam, mussten wir alle in unsere Betten.

Hoffentlich wird es in diesem Sommerurlaub wieder so schön.

SARAH FREUTEL
Philip sucht nach seinem Vater

So fing alles an. Am Morgen ging Philip in die Schule und immer, wenn er alleine war, hat er an seinen Vater gedacht. Denn die Eltern haben sich getrennt.

Eines Tages nach der Schule ging er zum Bahnhof, er kaufte sich eine Fahrkarte. Er fuhr von Deutschland bis Frankreich, da hat er zwei Kugeln Eis gegessen.

Dann hat er zwei Rocker gefunden, er fuhr mit ihnen mit. Sie fuhren durch die Stadt, da wollte er aussteigen und er suchte und suchte seinen Vater.

Als es Abend war, ging er in ein Hotel. Am nächsten Morgen suchte er weiter und er fand seinen Vater. Sie fuhren nach Hause.

PATRICK FRIESE
Unterwegs auf dem Schulweg

Ich gehe jeden Tag um halb acht aus dem Haus. Manchmal treffe ich meine Freunde. Dann gehen wir gemeinsam weiter.
Wir müssen einige Ampeln überqueren. Auf den Straßen fahren viele Autos.

Es sind noch viele andere Leute unterwegs. Wir kommen an einer Baustelle vorbei. Da wird ein neues Haus gebaut. An der Baustelle stehen viele Maschinen. Unter anderem ein Kran, ein Bagger und ein Lastwagen.

Dort bleiben wir ein bisschen stehen und gucken zu.

Leider müssen wir uns aber auf den Weg zur Schule machen. Es wird nämlich Zeit.

NUNZIO FUCHS
Ein Tag in Italien

Mir war langweilig, ich rief Fuchur.

Da erschien Fuchur und fragte mich: »Wohin soll die Reihe gehen?«

»Nach Italien, auf die Insel Sizilien.«

Es hat noch nicht einmal zehn Minuten gedauert, da waren wir schon da.

Ich und Fuchur sahen den Vulkan Ätna.

Ich rief: »Lass uns zum Vulkan fliegen!«

Da sahen wir Kinder, die unten am Vulkan spielten.

Fuchur landete und die Kinder sagten: »Buon giorno.«

»Buon giorno«, antwortete ich.

Ein Kind, das uns eine große Melone angeboten hat, hieß Giovanni.

Auf einmal kam ein Erdbeben. Fuchur flog mit uns hoch, so dass wir dem Erdbeben entwischen konnte. Danach haben wir die Kinder abgesetzt.

»Ciao«, rief ich den Kindern zu.

»Ciao«, riefen sie hinterher.

Ich sagte: »Fuchur, sollen wir uns eine Pizza holen?«

»Ja«, sagte er.

Für zwanzig Lire haben wir uns eine Pizza gekauft. Fuchur hat am meisten gegessen.

Da sahen wir ein Kind, das vor der Mafia davonlief.

Als ich gerade rufen wollte: »Rette das Kind!«, hatte Fuchur es schon gerettet.

Die Mafia hat immer hinterher geschossen, aber Fuchur ist immer ausgewichen.

Wir haben das Kind bei der weinenden Mutter abgesetzt.

Sie sagte: »Mille grazie!«

Ich antwortete: »Prego!«

TOBIAS FÜRSTENBERG
Unterwegs in die Zukunft

Es war ein schöner Morgen, als Tobias zur Schule ging. Er wollte über die Straße gehen.

Mitten auf der Straße war ein Loch. Das Loch war blau und zog alles hinein und schwupps war auch Tobias drin.

Und wo war er? In der Zukunft!

»Wow, das ist die Zukunft. Echt cool hier«, sagte Tobias mit einem erstaunten Gesicht.

»Fliegende Autos und Karstadt ist mehr als tausend Meter hoch und breit. Das Geld heißt nicht Geld, sondern Piepen. Das Essen ist tausendmal leckerer als vorher. Bolognese, Pizza, Pommes, Hamburger, Eis, Spaghetti, Nudeln und Suppen – alles was ihr euch vorstellen könnt.«

Aber Tobias hatte keine Zeit mehr, weil er ja zur Schule musste. Deshalb flog er zurück und plötzlich war er auf der anderen Straßenseite. Er ging schnell zur Schule, um dieses Erlebnis seinen Freunden zu erzählen.

Und am Nachmittag baute er eine Zeitmaschine, damit er mit seinen Freunden jederzeit in die Zukunft reisen kann.

Dann piepte etwas.

Woher kam wohl dieses Geräusch? Es war der Wecker.

SARA-VIVIANA GALLETTA
Haie unterwegs

Es war einmal ein Mädchen, das hieß Anna. Anna war im Urlaub auf Kreta und lag unter den Palmen. Jetzt hatte sie Lust ins Wasser zu gehen.

Als sie im Wasser war und schon ganz tief drin war, kam ein Hai. Sie bekam riesige Angst und wollte an das Ufer schwimmen, um sich zu retten, doch dann kamen Haie von allen Seiten.

Sie weinte und schrie, aber das reizte die Haie natürlich noch mehr. Sie tauchte unter, und unten lauerten noch mehr Haie.

Leider war ihre Mutter nicht mitgeflogen, ihr Vater war seit drei Jahren tot und helfen konnte ihr jetzt keiner.

Sie hatte eine gute Idee und tauchte wieder auf. Nun streichelte sie jeden Hai einzeln. Die Haie sprangen auf Anna zu und Anna dachte, jetzt ist es zu Ende mit mir, aber nein, die Haie liebten Anna und Anna stieg auf den Rücken eines Hais, der sofort begann mit ihr zu schwimmen.

Als sie zurückkamen, dämmerte es bereits. Anna machte tausend Fotos von den Haien. Sie fühlte sich so wohl, dass sie jetzt jeden Tag zu den Haien kam.

Und sie schrieb ein Buch über Haie und ihre Welt.

MARIUS GAPP
Unterwegs mit dem Wohnmobil

Letztes Jahr in den Herbstferien fuhren meine Familie und ich mit dem Wohnmobil nach Holland.

Meine Familie besteht aus: meinem zwölfjährigen Bruder Christopher, meiner fünfzehnjährigen Schwester Katharina, meiner siebzehnjährigen Schwester Nadine, meinen Eltern Renate und Karl und mir, Marius, zehn Jahre alt.

Unser Hund Tiany wollte nicht ins Wohnmobil einsteigen. So brachten wir sie bei unserer Oma unter. Als wir nun endlich losfahren wollten, fiel uns ein, dass wir die Fahrräder vergessen hatten. Also mussten wir sie noch aufladen. Nun ging es los: Unser Ziel war Holland, Bergen am See.

Die Fahrt dauerte dreieinhalb Stunden. Spät abends kamen wir an, da wir erst nachmittags losgefahren sind. Doch da gab es noch ein Problem, wir fanden keinen Campingplatz. Entweder war das Wohnmobil zu groß oder es war alles belegt. So blieb uns nichts anderes übrig, als im Freien zu parken. Aber da es in Holland verboten war, suchten wir uns einen einsamen Platz am Strand.

Wir waren so müde, dass wir sofort einschliefen. Mitten in der Nacht hörten wir Geräusche. Stimmen und ein Rascheln. Wir verhielten uns sehr still, aus Angst, die Polizei könnte draußen sein. Aber irgendwann hörten wir nichts mehr und schliefen wieder ein.

Am nächsten Morgen kam der Schock. Die vier neuen Fahrräder waren geklaut. Meine Eltern wollten nicht zur Polizei gehen, weil wir im Freien gecampt hatten. Wir brauchten lange, um mit dem Verlust fertig zu werden.

Aber da wir noch einen Campingplatz fanden, wurde der Urlaub auch ohne Fahrräder sehr schön.

KIMETE GASHI
Unterwegs nach Deutschland

Ich bin 1989 im Kosovo geboren. Meine Mama, mein Papa und ich haben mit meinem kleinen Bruder in einem Haus in einer kleinen Stadt gewohnt. Da gab es keine Schule.

Dann gab es Krieg. Meine beiden Omas und ein Opa wurden getötet. Wir hatten viel Angst und unser Haus war kaputt.

Wir sind dann nach Deutschland gekommen. Mein Bruder und ich gehen in die Schule. Hier habe ich keine Angst mehr.

Ich möchte gerne hier bleiben, weil ich viele Freunde habe.

HENRY GELHART
Eine Reise nach Kroatien

Hallo, ich bin Henry! In den letzten Sommerferien war ich mit Mama, Papa, Michael und Sabine, Freunden von meinen Eltern, in Kroatien.

Nach einer langen Autofahrt sind wir endlich angekommen. Wir hatten ein tolles großes Haus. Im Garten waren ganz viele Feigenbäume. Mama und ich haben uns jeden Tag den Bauch mit Feigen vollgeschlagen.

Sabine wollte auch mal einige essen. Doch plötzlich bekam sie davon ganz dicke geschwollene Augen. Sie war allergisch dagegen. So ein Pech, wo frische Feigen doch so toll schmecken!

Das Wetter war immer sonnig. Deshalb sind wir jeden Tag zum Schwimmen gefahren.

In Kroatien gibt es meistens nur Kieselsteine. Aber das ist nicht schlimm, ich habe einfach meine Badeschuhe angezogen.

Wir sind an einen Strand gefahren, der an einen Campingplatz grenzte. Hier war das Wasser super! Papa hat mir ein kleines Schlauchboot gekauft. Im Boot habe ich es mir so richtig gemütlich gemacht.

Nach kurzer Zeit lernte ich zwei Kinder kennen, Nico und Nils. Sie kamen auch aus Deutschland. Nils und ich sind mit dem Schlauchboot auf dem Wasser.

Doch plötzlich ging die Luft aus unserem Boot. Wir dachten, unser Boot hätte ein Loch bekommen, aber nein, Michael hat uns einfach das Ventil aufgedreht. Er hat sich heimlich an das Boot herangetaucht. Nun mussten wir ans Ufer zurück schwimmen. Ich habe erst einige Tage zuvor schwimmen gelernt. Da war ich sehr froh, dass ich das jetzt konnte.

Abends haben wir viele Sterne und Sternschnuppen gesehen. Ich hoffe, wir kommen in den nächsten Sommerferien wieder hierher zurück.

HANNAH GERLING
Andalusien – Ein Weg durch die Alhambra

Als wir in unserem Herbsturlaub nach Granada zur Alhambra gefahren sind, war die Fahrt schon sehr schön.

Als wir ankamen, war es dort ziemlich voll. Darum gingen wir noch ein bisschen in der Stadt bummeln.

Nachmittags besuchten wir dann die Alhambra, einen prächtigen Palast. Wir gingen an tollen Wasserhöfen vorbei und durch schön geschnitzte Räume.

Nach all den schönen Erlebnissen brauchte ich eine Pause. Ich setzte mich in einen großen alten Stuhl, in dem mich Mutti fotografierte. Zu Hause zeigte ich meiner Omi die Fotos die wir gemacht haben.

Da sagte sie: »In diesem Stuhl saß die Uroma schon vor vielen, vielen Jahren«, und meinte: »Du hast den selben Weg gemacht wie die Uroma.«

P.S.: Diese Geschichte ist wirklich wahr.

OLIVER GORNIK
In Gedanken

Ich war gerade zu Hause und wusste nicht, was ich machen sollte.

Plötzlich hatte ich eine Idee. Ich ging ins Kino und holte mir erst mal ein Kinoprogramm. Nun entschied ich mich für *Vertical Limit*. Es war ein Bergdrama. Der Film ging ziemlich lange und ich merkte, wie ich langsam einschlief.

Nun war ich in Gedanken. Ich war auf einem Berg am Nordpol. Plötzlich kam von hinten eine Lawine. Ich stand am Bergende und die Lawine stieß mich vom Berg. Da fiel ich und fiel. Zum Glück konnte ich mich noch an einem anderen Berg festhalten.

Schnell versuchte in an dem steilen Berg hochzuklettern. Ich schaffte es noch ganz knapp. Dort oben auf dem Berg stand ein Haus. Doch als ich kurz vor dem Haus war, stürzte es ein und ich fiel in eine Grube. Da versuchte ich schnell an dem kalten Eis hochzuklettern, doch das Eis war zu glitschig. Ich rutschte immer wieder ab.

So laut ich konnte, schrie ich im Hilfe, doch mich hörte keiner. Ich versuchte es noch einmal. Wieder schaffte ich es nicht. Nach einer Pause versuchte ich es mit allerletzter Kraft. Ich schaffte es tatsächlich.

Schnell wollte ich vom Berg runter. Ich hatte Angst, vielleicht schon wieder in ein Loch zu fallen. Aber ich konnte auch nicht gleich vom Berg springen. Also holte ich mir ein Seil aus meinem Rucksack und befestigte es an einem Felsen am Bergende. Ich sprang.

Nun fiel ich und fiel nach unten. Plötzlich gab es einen Ruck. Das Seil war zu kurz. Ich landete nicht auf dem Boden und auch nicht an dem Berg. Ich hing in der Luft. Sofort wollte ich mich an den Berg schwingen. Leider schaffte ich es nicht beim ersten Mal, aber beim zweiten Versuch gelang es mir. Ich schnitt das Seil durch und kletterte am Berg hinunter.

Schnell rannte ich durch den kalten Schnee. Nach drei Stunden Laufen kam ich nach Hause. Doch plötzlich wachte ich auf.

Der Film war vorbei und ich ging aus dem Kino und dachte. *Da gehe ich aber noch öfters rein, der Film war klasse.*

Zu Hause guckte ich sofort ins Kinoprogramm und sagte mir: »Morgen läuft er wieder, dann muss ich mir den Film unbedingt noch einmal ansehen.«

NICHOLAS GORNY & ELOY PAIRET
Unser Abenteuer

Heute fangen die Sommerferien an. Mein Freund Nicho und ich fahren ins Pfadfindercamp.

Als wir ankommen, sind schon viele Kinder da. Zuerst bauen wir unser Zelt auf und dann bereiten wir uns auf die Wanderung vor, die gleich stattfindet.

Dieses Mal sind wir die ersten in unserer Gruppe. Wenn jedes Kind am Treffpunkt angelangt ist, werden wir vom Campleiter abgezählt. Jetzt geht es los.

Wir sind schon viel gelaufen und machen eine kleine Pause. Unser Gruppenleiter Jack zeigt uns allen verschiedene Tiere. Nicho und ich laufen einem kleinen Hasen hinterher, denn wir wollen ihn genauer beobachten.

Als Nicho und ich zu der Lichtung, an der unsere Gruppe Pause gemacht hat, ankommen, sind schon alle weg. Wir suchen und suchen, finden aber unsere Gruppe nicht wieder.

Nicho sagt mit unruhiger Stimme: »Was jetzt? Wir haben unsere Gruppe verloren.«

»Es ist schon sieben Uhr und es wird langsam kalt. Am besten, wir suchen uns einen Unterschlupf«, antworte ich.

»Dort hinten ist eine Höhle«, ruft Nicho.

Als wir an der Höhle ankommen, ist es schon spät.

»Am besten, wir gehen schlafen. Damit wir morgen früh weiter suchen können.«

Früh morgens um fünf Uhr stehen wir auf und suchen weiter.

Auf einmal hört Nicho unseren Gruppenleiter Jack, wie er nach uns ruft. »Nicho, Eloy, wo seid ihr?«

»Hier, hier an der Lichtung, wo wir Pause gemacht haben«, rufen wir beide laut.

»Ein Glück, dass ich euch gefunden habe«, sagt Jack erleichtert.

Als wir im Camp ankommen, feiern wir mit den anderen Kindern und Betreuern unsere Rückkehr mit Stockbrot und

Eistee. Die nächsten sechs Tage sind schön und vergehen wie im Flug.

Am siebten Tag kommen unsere Eltern ins Camp und wir fahren mit Mama und Papa nach Hause.

Auf jeden Fall war es eine aufregende Ferienwoche mit der spannendsten Wanderung, die wir je erlebt haben.

CHRISTINE GOTTHARDT
Auf Reisen

Jeden Ferienanfang das Gleiche: Koffer schleppen, vom Auto zum Haus und umgekehrt. Papa stolpert mit dem größten Koffer zum Auto und rennt wieder ins Haus. Beinahe hätte er mich umgekegelt. Endlich sitzen alle im Auto. Es kann losgehen!

Mama ruft: »Alles einsteigen und Türen schließen.«

Nach einer halben Stunde bin ich eingeschlafen. Ich hatte einen sehr seltsamen Traum.

Da wachte ich auf, wir waren da. Unser Haus lag direkt an den Dünen. Mein kleiner Bruder rannte sofort los, da gab es eine wilde Verfolgungsjagd.

Als meine Mutter uns rief, weil es Abendessen gab, sah sie nur drei kleine Ferkel und einen Ferkelhund. Sie steckte uns in die Badewanne und unsere Kleider in die Waschmaschine.

Am nächsten Tag galoppierten zwei Pferde durch den Garten. Papa ist rumgehüpft wie Rumpelstilzchen. Ich wollte sofort rausdüsen und die Pferde streicheln, aber Papa meinte, die Biester (so nennt Papa Pferde) wären gefährlich.

Nach einer halben Stunde holte Papa die Fahrräder aus dem Schuppen. Wir sind Fahrrad gefahren, bis es dunkel wurde. Am nächsten Tag bin ich mit meinem großen Bruder Philipp reiten gegangen. Weil es so heiß war, sind wir im Meer baden gegangen. Danach sind wir alle müde und erschöpft ins Bett gegangen.

Ich wachte vom Gezwitscher der Vögel auf und ging ins Badezimmer und plötzlich klatschte Philipp mir einen Waschlappen auf den Rücken. Ich nahm mir auch einen Waschlappen, er segelte leider an Philipp vorbei, aber dafür genau in Papas Gesicht, das gerade in der Tür erschien. Papa bekam einen Anfall und jetzt schwirrten die Waschlappen nur so durch die Luft.

Beim Frühstück war Papa wieder ruhig. Nach dem Frühstück bauten wir eine Ameisenstraße durch unseren Garten ins Nachbarhaus. Papa lobte uns und gab jedem von uns ein Tütchen Gummibären. So verbrachten wir noch viele schöne Ferientage, bis wir wieder nach Hause fuhren.

LISA GÖTZE
Abenteuer unter Wasser

Als ich mit meiner Familie letzten Sommer in Spanien war, sprang ich von den großen Felsen ins Wasser. Unten tief im Wasser schwammen viele schöne bunte Fische.

Ich schwamm weiter und sah einen Hai. Schnell huschte ich hinter den nächsten Stein. Ich saß ganz still in meinem Versteck. Aber der Hai entdeckte mich und jagte mich durchs Meer.

Zum Glück entkam ich ihm, weil er wohl keine Lust mehr hatte mich zu jagen, weil ich ihm zu klein zum Fressen war.

Als ich weiter schwamm, begegnete mir eine Krake. Aber sie sah mich nicht, sie war wohl ein bisschen blind. Nach diesem Abenteuer tauchte ich schnell wieder auf.

Und dann wachte ich auf und lag in meinem Bett. In Träumen ist man überall unterwegs.

NILOFAR GOUDARZI
Unterwegs nach Deutschland

Es gibt in dieser großen Welt ein schönes Land, das dreimal größer ist als Deutschland. Davon ist ein Drittel Wüste, dort wohnen keine Pflanzen. Aber der Rest sind Pflanzen und Berge, überall ist es schön grün und auf den Bergen liegt meistens Schnee.

Zwei Meere sind dort, eins davon ist das größte Meer in der ganzen Welt, das man »Caspien« nennt. Dieses Land heißt Iran.

Zwischen den Bergen gibt es eine kleine Stadt. In dieser kleinen Stadt gab es eine glückliche Familie, sie besaßen eine Tochter. Das Mädchen war sehr stolz auf seinen Vater.

Plötzlich sollte der Vater die Heimat verlassen. Das war eine bittere Trennung. Das arme Mädchen wusste nicht, wie lange diese schreckliche Trennung dauern sollte. Alle waren sehr traurig.

Es war schwer sich zu trennen. Die Mutter und das Kind begannen ein sehr schweres Leben. Alle versuchten sie trösten, aber alles war nicht so wertvoll wie der Vater.

Mehr als ein Jahr waren sie getrennt, dann kamen die Mutter und das Kind. Sie stiegen in den Bus, der nach der Hauptstadt fuhr.

Unterwegs war es sehr langweilig. Reden durfte man nicht laut, denn es könnte ja den Busfahrer ärgern oder beim Fahren stören. Deshalb mussten die Leute sich mit etwas beschäftigen. Nach einem Tag waren sie angekommen, sie gingen zum dem Haus, das den Großeltern der Mutter gehörte. Ein paar Tage später fuhren sie zum Flughafen.

Das Mädchen konnte vor Freude sich nicht vorstellen, wie schön es wäre, wenn sie wieder in den Armen ihres Vater wäre. Im Flughafen stiegen sie ins Flugzeug. Es kribbelte schon im Bauch und die Spannung stieg immer höher. Sie stiegen in das Flugzeug.

Bevor die Passagiere etwas zu essen bekamen, stolperte die Stewardess über den rechten Fuß und fiel auf den Boden und ließ den Servierwagen ausrutschen. Sie stand wieder auf.

Aber, was war mit dem Essen und den Getränken, die im Servierwagen lagen. Puh, nichts ist mit denen passiert. Es ist von selbst gestoppt worden.

Die Stewardess brachte dem Kind ein kleines Geschenk. Na, wollt ihr wissen, was da drin war? Okay. Es war vielleicht nicht etwas Wertvolles, aber es gefiel dem Mädchen trotzdem sehr. Ein Bleistift und ein kleines Malheft waren das Geschenk.

Plötzlich hörte man ein Geräusch, dann machte das Flugzeug pisch, pasch, ding, dong, dang, ping, pang, bing, bang, bong! Ach großer Gott, man merkte, dass etwas mit dem Motor nicht stimmte.

Natürlich hatte der Pilot alles versucht, um das Flugzeug in Ordnung zu bringen und zu stoppen, aber es ging nicht einfach. Schließlich landete das Flugzeug laut und schrecklich im Flughafen. Ach, fast hatte ich es vergessen! Was war eigentlich mit den Passagieren?!

Gott sei Dank, nichts ist passiert. Nur ein paar Leute sind hingefallen. Zum Beispiel die Stewardess oder die Leute, die auf dem Abort waren, aber glücklicherweise ist denen auch nichts passiert. Ungefähr fünf Stunden dauerte die unvergessliche Reise. Im Flughafen wartete schon der Vater. Als sie sich endlich wiedersahen, umarmten sie sich sehr, es war ein schönes Gefühl. Dann fuhren sie mit dem Auto nach dem Haus von dem Vater.

Dreimal zogen sie um. Anschließend ging das Mädchen in die Schule. Sie konnte noch kein Deutsch. Aber das Mädchen lernte es sehr schnell. Zum vierten Mal zogen sie um und das Mädchen ging in die zweite Klasse. Freunde fand sie auch schnell.

Sie bekam auch eine Schwester, die bald zwei Jahre alt wird. Jetzt ist das Mädchen in der dritten Klasse.

Aber niemand weiß, was mit ihnen geschehen wird. Ende gut, alles gut.

ANDY GROTHE
Krötenjagd an der Ostsee

Schon zwei Jahre ist es her, als meine Familie und ich im Sommer an die Ostsee gefahren sind. Es kommt mir vor, als wäre es gestern gewesen. Ungefähr sechs Stunden hat die Fahrt gedauert.

Gleich nachdem wir ankamen, sind mein Bruder und ich an den Strand gerannt. Noch nie hatten wir das Meer gesehen. War das schön!

Am nächsten Tag, auf dem Weg zum Wasser, sind mindestens zwanzig Kröten nacheinander über die Straße gehüpft. Ein paar davon haben wir gefangen und mit ihnen im Sand gespielt. Aber dann erinnerte uns Mama daran, dass in Thüringen, dort wo wir wohnen, extra Tunnel angelegt werden, damit Kröten während der Laich-Zeit sicher die Straße überqueren können. Daraufhin ließen wir sie wieder frei.

Ein anderes Mal haben wir den »Robinson-Park« besucht. Den fanden wir besonders interessant und aufregend. Gelangweilt haben wir uns in diesen sieben Tagen nie, denn unser Ferienort war ein »Vier-Jahreszeiten-Bad«.

Ich wünschte, wir könnten noch einmal an der Ostsee Ferien machen! Aber meine Eltern sagen, daß sie noch heute an diesem Urlaub zu »knabbern« haben, denn er war sehr teuer.

Schade, denn bis ich selbst Geld verdiene, vergeht noch viel Zeit.

NICHOLAS HAHN
Unsere Ferien am Meer

Im letzten Sommer sind wir ans Meer gefahren. Ich wollte gleich ins Meer baden gehen, doch ich musste noch einräumen helfen. Nach dem Einräumen bin ich zum Meer gerannt. Meine Badesachen hatte ich schon an. Die Sonne schien heiß und es gab keine einzige Wolke am Himmel.

Auf einmal fing es an zu schneien. Wo kam denn plötzlich der Schnee her? Es wurde mir ganz kalt in meiner Badehose. Ich ging sofort ins Ferienhaus und zog meine Sachen wieder an. Das Thermometer zeigte −10 °C an, der Schnee blieb liegen und ich fror immer mehr. Ich hatte nur Sommersachen in meinem Koffer.

Wir mussten die Heizung anmachen und haben uns aufgewärmt. Wie gerne hätte ich einen Schneemann gebaut und mit meinem Bruder eine Schneeballschlacht gemacht. Doch so konnten wir nur vom Fenster aus den Schnee beobachten.

Die ganzen Ferien mussten wir im Haus bleiben, bis wir wieder nach Hause fuhren.

Auf der Nachhausefahrt schlief ich ein. Als ich aufwachte, lag ich in meinem Bett und merkte, dass alles nur ein Traum war und unsere Urlaubsreise am Meer noch vor uns lag. Gleich nach dem Frühstück sollte es losgehen.

Vorsichtshalber packte ich noch meinen Schneeanzug und die Handschuhe in den Koffer.

SILKE HAMMERSCHMIDT
Hilfe, ein Geist!

An einem Freitag fuhren meine Freundin Sandrina und ich zum Zelten. Wir holten unsere Fahrräder, rollten unser Zelt zusammen, so dass wir es auf den Gepäckträger schnallen konnten, und packten unsere Rucksäcke mit Essen und Getränken. Dann fuhren wir los.

Als wir ein Stück gefahren waren, kamen wir zum Wald, dort machten wir Halt. Wir suchten einen schönen Platz zum Zelten. Da sahen wir eine Lichtung. Dort standen viele hohe Bäume, durch deren Äste die Sonne schien, um eine schöne Wiese herum.

»Wir könnten dort zelten«, schlug Sandrina vor.

»Gut«, antwortete ich.

Nun bauten wir unser Zelt auf. Als es endlich stand, war es schon dämmrig. Nun schien der Mond durch die Äste der Bäume. Wir legten uns schlafen, ohne etwas zu essen.

Als ich schon tief schlief, hörte ich einen Ast knacken. Ich wachte auf und lauschte ängstlich. Dann gab ich mir einen Ruck und spähte vorsichtig aus dem Zelt.

Da erschrak ich, wich zurück in das Zelt und rieb mir die Augen. Dann schaute ich noch einmal hinaus.

Da stand eine Gestalt und bewegte die Arme. Sie war ganz weiß und sah schaurig aus.

Ich schrie um Hilfe. Da lachte die Gestalt und nahm ihr Gewand ab. Auf einmal sah ich niemanden mehr in der Dunkelheit.

Als ich noch ungläubig da stand, kam Sandrina aus dem Wald gerade daher, wo das unheimliche Gespenst gestanden hatte.

Ich stotterte: »Da war ein Gespenst an der Stelle, wo du hergekommen bist!«

»Das war doch ich!«, sagte Sandrina lachend. » Ich wollte dich mal erschrecken.«

Ich war zuerst sauer auf Sandrina, aber dann war ich nur noch erleichtert, dass es kein echtes Gespenst gewesen war. Wir legten uns hin und schliefen wieder ein.

Am Morgen aßen wir die Brötchen und tranken den Tee, den wir uns mitgenommen hatten.

Dann tollten wir im Wald herum und beobachteten Tiere. Es war noch ein schönes Wochenende.

Am Sonntag bauten wir unser Zelt ab und fuhren wieder nach Hause. Dort warteten auch schon unsere Eltern und wollten wissen, was wir erlebt hatten. Als wir ihnen die Geschichte mit dem Geist erzählten, lachten sie nur.

Es waren aber doch ein paar schöne Tage im Zelt.

MARCEL HARTJES
Unterwegs im Schnee

Als ich heute morgen aus dem Fenster guckte, sah die Welt ganz anders aus. Alles war weiß, es hatte über Nacht geschneit.

Ich wollte gerne nach draußen gehen, also zog ich meinen Schneeanzug, Mütze, Schal, Handschuhe und die dicken Stiefel an.

»Komm, wir machen eine Schneeballschlacht«, sagte ich zu meinem kleinen Bruder René.

Er war damit einverstanden und so warfen wir die Schneebälle hin und her. Dann traf mich mein Bruder ins Gesicht und ich hatte keine Lust mehr.

Meine Eltern kamen nach draußen und sagten: »Wir wollen zum Deich laufen, da könnt ihr rodeln.«

Wir holten unsere Schlitten aus der Garage und wanderten los. Weil es noch früh war, hatten wir die Straße fast für uns alleine, nur wenige Autos und Menschen waren unterwegs. Mama und Papa zogen René und mich auf den Schlitten. Wir sahen uns gemütlich die Umgebung an. Die Häuser sahen aus, als hätten sie eine weiße Mütze auf. Auf den weißen Feldern waren nur die Spuren von einigen Tieren zu sehen. Über uns flogen Wildgänse und schnatterten, sonst war alles ruhig. Mein Bruder und ich spielten Schneesammler. Weil die Schlitten mit dem vielen Schnee und uns darauf meinen Eltern zu schwer wurden, mußten wir alleine ziehen. Wir liefen auf einem kleinen Weg, den vorher noch keiner benutzt hatte. Als wir uns umsahen, sahen wir unsere Spuren: die großen Fußabdrücke waren von Papas Schuhen, die mittleren von Mama und die etwas kleineren von uns Kindern. Dazwischen waren die Schlittenspuren zu sehen.

Am Deich angekommen, sind wir gleich den Berg hinuntergerodelt. Ganz lustig war es, als ich den Berg einfach heruntergerollt bin. Immer schneller, immer schneller, mir war nachher ein bißchen duselig und ich sah wie ein Schneemann aus.

Ich habe mich dann in den Schnee gelegt und »Engel gemacht«. Dazu bewegt man die Arme und die Beine im Schnee hin und her, die Arme malen dann die Flügel in den Schnee und die Beine das Kleid vom Engel.

Nach einer Stunde wollten wir dann zurück nach Hause laufen. Die meiste Strecke haben Papa und Mama uns gezogen, weil wir etwas müde waren. Zuhause angekommen haben wir erst mal einen heißen Pfefferminztee mit Honig getrunken und uns zum Aufwärmen vor das Kaminfeuer gesetzt.

Im Schnee unterwegs zu sein ist zwar anstrengend, aber macht auch viel Spaß. Und heute mittag bauen wir noch einen Schneemann.

LINDA HEIN
Unterwegs

Ich und Kimberley waren mit meiner Familie auf dem Weg zum Parkstadion. Es war im Herbst, also lagen überall Blätter. Von den Bäumen flogen die Blätter, wir sind immer durch gerannt und hatten nachher den Kopf nur voller Blätter.

Meine Schwester hatte ihren Freund dabei. Wir durften ihn blind führen, er hatte ein bisschen Angst. Doch er ist heile angekommen.

Als wir am Stadion waren, standen wir unter einem Kran, da war eine Kiste mit Sachen drin. Kurz darauf fiel ein Holzstab herab. Wir rannten weg. Und kamen trotzdem heile an.

LISA HEINL
Tina und der Zuhauseurlaub

Tina guckte gerade zu, wie die Nachbarn schon für den Urlaub in Österreich die Sachen packten. Tina ging zu ihrer Mutter und sagte: »Ich möchte auch mit Tim, meinem Bruder, Bello, unserem Hund, und mit dir und Papa in den Urlaub fahren.«

»Das geht nicht, Tina«, sagte die Mutter, »du weißt, dass Papa nicht besonders viel Geld verdient.«

Da kam Tina eine Idee. »Wir können doch einen Zuhauseurlaub machen.«

»Wie denn?«, fragte der Vater.

Tina schlug vor: »Der Sandkasten von Tim ist der Strand. Das große Schwimmbecken muss vor den Sandkasten gestellt werden, es ist das Meer. Haben wir noch eine Hängematte im Keller?«, fragte Tina.

»Ja«, lächelte der Vater und ging, um sie zu holen.

»Seht ihr, das eine Ende hängen wir an den Baum, das andere Ende an den gegenüberstehenden Baum.«

Die Mutter erzählte: »Ich habe in der Küche noch Eistee. Ich hole ihn.«

Nach einem Monat Spaß kamen die Nachbarn zurück.

»Was machen Sie denn da?«, fragte die Frau.

»Wir sind am Strand«, sagte Tina.

»Ha! Das ist aber eine Überraschung«, sagte die Frau. »Dürfen wir, also mein Mann und ich, uns zu euch gesellen?«

»Ja«, sagte Tina.

»Wirklich?«, fragte die Frau.

»Ihr müsst aber auch etwas mitbringen«, sprach Tina.

»Na gut, ich glaube, wir haben noch Eis im Keller.« Also ging die Frau in den Keller und holte Erdbeereis. Als die Sommerferien um waren, fragte die Lehrerin: »Tina, und was hast du erlebt?«

Dann erzählte Tina die ganze Geschichte der Klasse. Es wollte ihr keiner in der Klasse so recht glauben.

KIRA HERRMANN
Der Flug von Miami nach Düsseldorf

Am 17. April 2000 ist meine Familie mit mir nach Miami in den Urlaub geflogen. Wir haben dort Bekannte und blieben zwei Wochen in Miami.

Da haben wir gespielt, gemalt und im Pool gespielt.

Am 29. April mussten wir dann wieder nach Hause fliegen. Unsere Bekannten brachten uns zum Flughafen, dann haben wir ihnen noch »Tschüss« gesagt.

Wir haben unsere Tickets abgegeben und sind in den Jumbo von der Air-France eingestiegen.

Nach zwei Stunden kam über die Lautsprecher: »Wir müssen zurückfliegen, weil die Klimaanlage kaputt ist.« Aber auch die Heizung war kaputt…

Dann flogen wir in zwei Stunden wieder zurück nach Miami. Da wurden wir dann mitten in der Nacht noch ins Hotel gebracht. Zwei Tage waren wir in dem Hotel.

Und einen Tag später sind wir dann zurückgeflogen. Wir sind aber überall im Flugzeug verteilt gewesen. Wir sind von Miami nach New York geflogen, da habe ich die Freiheitsstatue gesehen. Und von New York nach Paris, von Paris nach Düsseldorf.

Wir sind insgesamt 22 Stunden geflogen!

LISA HOFFMANN
Unterwegs am Meer

Letztes Jahr auf Föhr bin ich mit meinen Eltern fast jeden Tag zum Strand gefahren. Dort sind wir durch das Meer spaziert. Ich habe mit meinem Vater Beachball gespielt.

Einmal bin ich mit meiner Mutter ins Meer gelaufen, da habe ich zwei Krebse gesehen, die sahen aus, als ob sie Ball gespielt haben.

Mit meinem Vater bin ich bei Ebbe weit hinaus zu einer Sandbank geschwommen, weil noch ein bisschen Wasser da war. Auf der Sandbank lagen tausend Muscheln und ich habe zwei Horchmuscheln gefunden und noch andere. Es waren sogar ein paar grüne dabei, sie waren grün, weil sie schon alt waren.

Ich bin auch einmal mit meinem Vater durchs Watt gelaufen. Da lagen Quallen rum und es waren Löcher von den Wattwürmern im Boden.

Der Urlaub war einfach Spitze!

BASTIAN-ALEXANDER HOHENDAHL
Stadtbesuch in Holland

Meine Familie und ich campen in Holland. Wir machten einen Stadtbesuch. Da meine Schwester Lina und ich Spielzeug mögen, sind wir schon zu einem Spielzeugladen gerannt. Wir waren so fasziniert von dem vielen Spielzeug, dass wir gar nicht merkten, dass der Rest unserer Familie nicht gefolgt war.

Als ich meinen Eltern ein besonderes Spielzeug zeigen wollte, bekam ich einen Schreck, wo waren sie? Auch Lina konnte ich plötzlich nicht mehr sehen.

Ich rannte nach draußen und fand sie, aber von dem Rest war keine Spur. In der Stadt waren viele Menschen und ich konnte sie nirgends sehen.

Voll Panik rannten wir hin und her, ich musste sogar weinen. Doch da hörte ich meinen Namen. Wie waren wir erleichtert, als wir unsere Eltern wiedersahen. Das passiert uns nicht noch einmal.

Nach dem Schreck haben wir ein Eis gegessen.

ANNA-HENRIETTE HÖVEL
Ein besonderer Spaziergang im Urlaub

Im Sommer vor zwei Jahren war ich mit meinen Eltern und mit meiner Schwester in der Schweiz im Urlaub. Wir haben einen Spaziergang gemacht.

Wir sind zu den Lenker Simmenfällen gewandert. Wir sind mit einem Rucksack auf dem Rücken den steilen Waldweg hochgeklettert. Wir haben uns vorgestellt, wir sind auf einem Indianerpfad.

Der war steinig. Da kamen wir an die Wasserfälle und da hat es gespritzt und wir sind ganz nass geworden. Ich musste mir das Hemd ausziehen.

Wir gingen weiter. Da kamen wir an einen Rastplatz.

Da haben wir uns hingesetzt und haben gegessen und Papa hat gefragt: »Wie viele Personen sind wir hier?«

Ich habe gesagt: »Vier Leute sind wir.«

Papa hat gesagt: »Das stimmt nicht.«

Meine Schwester und ich haben aber immer wieder vier Personen gezählt.

Ich habe gesagt: »Papa, verrat es doch, wie viele wir sind.«

Mein Papa hat gesagt, wir wären fast fünf Personen.

Ich habe gefragt, wieso.

Papa hat geantwortet: »Weil ihr ein Brüderchen kriegt.«

Meine Schwester und ich haben uns sehr gefreut. Den ganzen Weg hinunter sind wir gehopst und haben gesungen. Das war mein schönster Spaziergang in meinem Leben.

Nach fünf Monaten kam dann endlich unser Bruder auf die Welt.

MOHAMED ISMAIL
Die Panne

Wir waren bei meinem Opa. Und wir waren unterwegs nach Hause. Plötzlich konnte meine Mutter nicht mehr bremsen. Meine Mutter fuhr zur Seite und wir versuchten zu bremsen.

Gut, dass meine Mutter ein Handy mit hatte.

Meine Mutter rief meine Onkel und sagt zu ihnen: »Könnt ihr uns abholen, mein Auto springt nicht mehr an.«

Meine Onkel sagten: »Wir kommen.«

Als sie ankamen, versuchte es mein Onkel Omar das Auto anzuspringen, er hat es geschafft. Mein anderer Onkel Mohamed brachte uns mit dem anderen Auto und mein Onkel Omar fuhr mit dem kaputten Wagen. Und wir konnten endlich nach Hause fahren.

LUKAS JABLONSKI
Die Notbremse

Als ich fünf Jahre alt war, bin ich mit meinem kleinen Bruder und meiner Mutter mit dem Zug zu meinem Patenonkel gefahren. Mir war langweilig und ich beschloss ein wenig zu turnen.

Dann sah ich einen roten Griff und dachte *Da kann man sich ja super festhalten* und zog daran.

Plötzlich wurde der Zug immer langsamer. Meine Mutter sprang auf und rannte in den Gang und suchte einen Schaffner. Inzwischen war der Zug stehen geblieben. Ich wusste immer noch nicht, was der Griff betätigte.

Plötzlich kam ein Schaffner in unser Abteil und sagte: »Was ist denn hier los.«

Meine Mutter antwortete: »Mein Sohn hat aus Versehen die Notbremse gezogen.«

Daraufhin löste er die Bremse und benachrichtigte den Lokführer.

Dann kam er wieder und sagte: »Das kostet Strafe.«

Er schrieb sich noch unsere Personalien auf. Bis heute haben wir noch keinen Brief von ihm erhalten.

KIM JÄGER
Unterwegs zum Horrorurlaub

Ich bin mit meiner Familie nach Afrika gefahren. Es gefiel uns hier sehr gut. Wir gingen an den Strand. Dort sahen wir ein paar Fische im Wasser schwimmen. Es machte sehr viel Spaß.

Auf einmal sprach mich ein Mädchen an: »Do you want to play with me?«

Ich sagte: »Ich kann dich nicht verstehen, denn ich komme aus Deutschland. Aber wenn du mit mir spielen möchtest, dann sehr gerne. Wir werden uns schon irgendwie verständigen können. Komm mit!«

Ich nahm sie an die Hand und ging mit ihr ins Wasser. Da kam ein Haifisch.

Meine Freundin schrie in Englisch: »Pass auf, da ist ein Hai!«

Ich bedankte mich. »Danke, du hat mir das Leben gerettet. Hättest du nicht geschrieen, hätte der Hai mich gebissen.«

Mama rief: »Kim, komm, wir müssen gehen.«

Ich antwortete: »Ja, ich komme.«

Am nächsten Tag gingen wir alle zusammen auf die Kirmes und meine Freundin durfte mit.

THOMAS JÄHNER
Unterwegs

Dieses Jahr wollten wir einen besonderen Urlaub machen. Zum ersten Mal würde ich fliegen. Ein Kleinbus vom Reisebüro holte uns schon morgens um vier Uhr ab.

Als wir gerade losfahren wollten, bemerkte meine Mutter, dass sie die Tasche mit den Flugtickets vergessen hatte. Endlich konnte die Fahrt in Richtung Düsseldorfer Flughafen beginnen. Kurz vor der Autobahnabfahrt zum Flughafen, kam unser Bus ins Schleudern. Der Fahrer bemerkte, dass wir einen Platten hatten. Er stieg aus, um den Reifen zu wechseln. Ich hatte Angst, dass wir zu spät zum Flughafen kommen.

Nach 15 Minuten Pause hatte der Fahrer den Reifen gewechselt. Wir fuhren so schnell wie wir nur konnten weiter.

Als wir dann endlich in der Schalterhalle waren, hörten wir eine Durchsage: »Die Passagiere Jähner bitte zum Abflugschalter Acht.«

Wir hatten großes Glück, dass wir das Flugzeug nicht verpasst hatten. Der Urlaub fing ja schon aufregend an. Wie würde es wohl weiter gehen?

Als wir im Flugzeug waren, habe ich ein Päckchen Gummibärchen bekommen. Auf einmal blinkte etwas auf dem Bildschirm: *Bitte anschnallen!* Dann holperten wir über die Startbahn und flogen los.

Ich guckte aus dem Fenster, alles sah aus wie Spielzeug. Wir flogen über Meere und Täler. Nach einer Stunde haben wir Essen bekommen: Eine Scheibe Wurst, eine Scheibe Käse, zwei Brote und einen Pudding! Nachdem wir uns gestärkt hatte, freute ich mich richtig auf den Urlaub. Ich hatte mich zu früh gefreut.

Eine Durchsage riss mich aus meinen schönsten Träumen. »Bitte bleiben Sie auf Ihren Plätzen, wir durchfliegen einige Turbulenzen.« Und da konnte ich auch schon durch mein Fenster die schwarzen Regenwolken erkennen. Wir wurden ganz schön durcheinander gerüttelt. Ich wäre gerne zur Toilette gegangen, aber auch das ging nicht. Nach zehn Minuten war der Spuk vorbei.

Ich atmete erleichtert auf. So wie mir ging es wohl einigen anderen Passagieren auch, denn vor der Toilette hatte sich schon eine Warteschlange gebildet. Zum Trost bekamen wir Kinder von der Stewardess eine Mickymaus-Zeitschrift. Aus meinem Fenster konnte ich eine Insel erkennen. Wir waren endlich da.

Das Flugzeug landete sicher auf dem Boden. Wir klatschten alle Beifall für den Kapitän und seine Mannschaft. Jetzt konnte alles nur noch besser werden. Und richtig. Wir wurden pünktlich von unserem Reiseunternehmen abgeholt. Das Hotel war super und das Essen spitze. Ich bin als erstes ins Meer gesprungen.

Und da konnte man mich für den Rest des Urlaubs meistens finden. Na ja, manchmal habe ich auch gegessen oder geschlafen.

JULIAN JANTZ
Eine Bootsfahrt

In den Sommerferien 2000 machten meine Familie und ich in Frankreich an der Ardeche Urlaub.

An einem frühen Morgen wollten mein Freund Robert und ich mit seinem Schlauchboot den Fluss befahren.

Nachdem wir es ins Wasser befördert hatten, sagte ich: »Lass uns zur Stromschnelle rudern!«

Die hatte ich mir von einem Felsen aus schon einmal angeschaut. Von da aus schien sie mir recht harmlos zu sein.

Im Wasser sah aber alles ganz anders aus. Es ging sofort in rasender Fahrt los, wir gaben unser Bestes und kamen erschöpft am Ende der Stromschnellen an.

Der Fluss war auch ein beliebtes Ausflugsziel für Kajakfahrer. So dachten wir uns, dass es lustig wäre, unser Boot umzukippen und dann auf die Wildwasserfahrer zu warten, die uns helfen wollten. Diese würden wir dann angreifen und sie mitsamt dem Kajak umkippen.

Also kenterten wir und warteten, warteten und warteten.

Dann hörten wir ein »Hallo?« und merkten, dass an unserem Boot gerüttelt wurde.

Endlich war es so weit: Wir kamen unter dem Boot hergekrochen und sahen den Vater meines Freundes Robert. Das war nicht gut, denn er war der beste Kajakfahrer weit und breit. Wir versuchten es trotzdem mit aller Kraft, doch wir schafften es nicht. Roberts Vater war einfach zu gut für uns.

Da gaben wir auf und spielten anschließend Piraten, die von den vorbeifahrenden Booten Zoll verlangten: Wir bekamen eine Keksschachtel, zwei Bananen, eine Sonnenbrille und ein paar Schläge mit dem Paddel.

Damit war unser Flussabenteuer beendet.

ANNIKA JANZEN
Mit meinen Gefühlen unterwegs

Als meine Eltern das erste Mal in Kanada waren, wollten sie sofort dort hinziehen. Damals waren meine kleine Schwester und ich noch nicht da.

Als ich fünf Jahre alt war und meine Schwester drei, flogen wir zum ersten Mal in den Sommerferien nach Kanada. Uns gefiel es dort auch sehr.

Zwei Jahre später waren wir das zweite Mal dort. Meine Eltern sagten uns, dass sie gerne nach Kanada ziehen wollten und fragten, wie wir das fänden.

Ich sagte: »Ich finde es sehr gut, weil es mir dort gefällt.«

Meine Schwester meinte: »Ich möchte nicht nach Kanada ziehen, mir gefällt es hier.«

Wir erzählten es unseren Verwandten und sie waren damit nicht so einverstanden. Jetzt ist unser Wunsch in Erfüllung gegangen. Wir können nach Kanada auswandern, weil wir unser Visum gekriegt haben. Vorher haben wir viel geredet und überlegt und meine Eltern haben viele Formalitäten erledigen müssen.

In letzter Zeit bin ich sehr oft mit meinen Gedanken unterwegs. Ich stelle mir vor, wie wir in dem anderen Land leben werden. Ich bin mit meinen Gedanken an anderen Schulen, bei neuen Freunden, bei Nachbarn und noch vielen anderen Dingen. Ich wünsche mir, dass wir in einem schönen Haus wohnen werden und dass wir schnell Englisch lernen und uns gut mit anderen Leuten verstehen.

Meinen Eltern, meiner Schwester und mir wird es schwer fallen, unsere ganze Familie zurückzulassen, unsere Freunde und unsere Verwandten. Aber wir werden es schon schaffen und nach ein paar Jahren froh sein, dass wir nach Kanada gezogen sind. Mit unseren Freunden und Bekannten werden wir per Computer, Briefen und Telefon in Kontakt bleiben. In den Ferien werden wir uns auch besuchen. Mal sehen, wie es in Kanada wird…

ISABELLE JEGOTKA
Die Reise von der Klasse 4 b

Hallo, ich heiße Isabelle und gehe in die Klasse 4b. Ich erzähle euch eine Schulgeschichte, die ich mal erlebt habe.

»Hättet ihr Lust, einmal auf einen Planeten zu fliegen?«, fragte die Lehrerin uns.

Alle, auch ich, riefen ganz laut: »Ja, juchhu!«

Die Lehrerin antwortete den Schülern: »Dann kommt morgen verkleidet als Außerirdische oder als Raumfahrer aus dem Weltall!«

Als wir am nächsten Morgen in der Klasse standen, staunten wir. Alles war wie im Weltall geschmückt. Die Rakete war ein Stuhlkreis, wo 18 Stühle standen. In der Klasse sind wir 18 Kinder. Es gab Kekse und Getränke zum Essen und Trinken.

Ich ging als kleines, grünes Ulkwesen. Jannis ging natürlich als Astronaut. Sebastian ging auch als Astronaut und schwärmte davon, dass die Rakete »Schumi« heißen soll. Wir anderen Kinder waren dagegen und wollten den Namen »Rubi«. Wir beschlossen, dass die Rakete »Rubi« hieß.

Dann stiegen wir in die Rakete und düsten ab. Auf der Fahrt erzählten wir uns komische Weltallwitze.

Als wir auf einem merkwürdigen Planeten landeten, hatten wir uns gefragt, auf welchem wir sind. Die Landschaft war grau, die Tische sind mit braunen Decken geschmückt worden. Das Sofa war ein ganz großer Hügel. An der dunkelblauen bemalten Decke hingen viele silberne und goldene Sterne. Sie funkelten so schön.

Nadine, die als Astronautin ging, wollte sich an den Tisch setzen, aber in dem Moment plumpste sie auf den Boden. Die Tische waren nämlich ein bisschen auseinander geschoben.

»Das tat ganz schön weh«, sagte Nadine.

Als wir wieder zur Erde wollten, stiegen wir wieder in die Rakete. Wir spielten fünf Minuten lang das Raketenspiel. Endlich landete das Raumschiff auf der Erde. Automatisch öffneten sich die Drehtüren und wir kletterten rasch die Leiter hinab.

Erleichtert atmeten wir auf. Natürlich spielten wir noch die restlichen Unterrichtsstunden auf dem Planeten. Das war eine abenteuerliche Reise!

VEIT JOACHIM
Verschlafen im Zug

Heute musste ich alleine mit einem Zug zu meiner Oma fahren. Ich war noch müde, weil ich gestern lange auf war.

Ich sagte mir immer wieder: »In Berlin muss ich aussteigen! In Berlin muss ich aussteigen!«

Aber schon war ich eingeschlafen. Ich träumte, dass ich auf einer Wiese mit unserem Hund gespielt hätte. Auf einmal hörte ich ein Pfeifen und eine Tür zuschlagen. Ich öffnete die Augen und konnte gerade noch den Buchstaben »B« sehen, den Rest konnte ich nicht erkennen, weil wir um eine Kurve bogen.

O je! O je! Ich glaube, ich musste an dieser Station aussteigen, dachte ich.

Ich schrie immer wieder: »Anhalten! Anhalten! Meine Oma wohnt doch in Berlin!«

Aber ich hatte Glück, das war erst Brandenburg gewesen.

Drei Stationen weiter fiel ich meiner Oma in die Arme. Und jetzt esse ich mit ihr Kuchen.

SOPHIA JÖRG
Eine feuchte Fahrradtour

Ich hatte mich so sehr auf meine erste Fahrradtour gefreut.

Wir wollten schon so lange um den Baldeneysee fahren, doch immer wieder kam etwas dazwischen.

Es war ein ganz schöner Sommertag und endlich war es so weit. In Sandalen und T-Shirts fuhren meine Mutter, mit meiner kleinen Schwester in dem Kindersitz, und ich los.

Doch auf halber Strecke, mitten auf der Kupferdreher Brücke, brach ein heftiges Gewitter aus. Ganz plötzlich fing es an in Strömen zu regnen und es blitzte und donnerte ganz stark.

Meine Mutter wollte sich irgendwo unterstellen, um das Unwetter abzuwarten. Mir aber war es inzwischen furchtbar kalt geworden. Außerdem fürchte ich mich ein bisschen vor Gewitter. Ich wollte einfach nur nach Hause. Also habe ich mich auf mein Fahrrad gesetzt und bin so schnell wie möglich davon gefahren.

Meine Mutter kam mir sofort nach. Längst waren wir völlig durchnässt, und der kalte Fahrtwind pfiff über die nasse Haut. Wir radelten und radelten. Schließlich mussten wir noch den steilen Berg hoch schieben, bis wir endlich zu Hause waren.

Die nassen Kleider klebten so am Körper, dass sie sich nur schwer ausziehen ließen. Aber nach einem warmen Kräuterbad und einer Tasse heißer Bouillon konnten wir schon wieder darüber lachen.

DAVID JOST
Der Flug in den Süden

Es war im Herbst, als ein Schwarm Vögel in den Süden fliegen wollte. Alle flogen ganz gemütlich, bis auf einmal ein schwarzer Rabe auf sie zudonnerte.

Die Vögel wichen erschrocken aus, aber der Rabe flog weiterhin hinter ihnen her.

Auf einmal erwischte er einen der Vögel, der darauf abstürzte. Die Vögel flogen zu dem Vogel herunter. Sie konnten ihn noch kurz vor dem Erdboden abfangen. Aber der Rabe kam auch herunter gedonnert.

Als er auch kurz vor dem Boden war, wichen die Vögel aus, dass der Rabe auf den Boden knallte und sein Schnabel an ihm umknickte. Der verletzte Vogel wurde von den anderen Vögeln abtransportiert, bis alle im warmen Süden ankamen.

Dort warteten sie, bis er wieder gesund war. Sie holten ihm viermal am Tag Nahrung, bis er wieder gesund war.

Alle Vögel waren richtig froh, dass der verletzte Vogel nicht gestorben war.

So nahm die Geschichte doch ein gutes Ende.

ABDULLAH KABAK
Meine Freundin Arzu

An der Haltestelle habe ich mich in sie verknallt.

Sie fand mich auch nett. Dann sind wir mit dem Bus nach Steele gefahren.

Dort sind wir einkaufen gegangen.

LAURA KALDINSKI
Unterwegs

Eines Tages, an einem regnerischen Morgen, ging Lilli mit ihrer Freundin Jasmin zur Schule.

Jasmin war ein ausländisches Mädchen, trotzdem aber auch Lillis beste Freundin.

Doch es gab da ein großes Problem. Jasmin wurde von vielen Jungen aus der Klasse gehänselt. Das machte sie immer ein bisschen traurig, denn Jasmin versuchte genauso wie ein einheimisches Mädchen zu sein. Das war für viele Jungen aus der Klasse ganz egal.

Nun kamen sie auf dem Schulhof an.

Einige riefen schon: »Schau, die Schwarze kommt!«

Jasmin warf ihnen einen bösen Blick zu und störte sich nicht mehr daran.

Aber den ganzen Schultag ging es weiter.

»Dumme Ausländerin, dumme Ausländerin!«

Auf dem Weg nach Hause fing Jasmin an zu weinen.

»Sei nicht traurig«, tröstete Lilli Jasmin. »Wart's nur ab, bis mir was einfällt. Wir werden denen schon zeigen, dass du genauso nett bist wie alle anderen Mädchen.«

Den ganzen Nachmittag grübelte Lilli, was man machen könnte, damit die Jungs aufhören Jasmin zu hänseln. Plötzlich hatte sie eine großartige Idee.

Am nächsten Morgen flüsterte Lilli Jasmin ihren Plan ins Ohr: »Hör zu, bald haben wir Sommerferien. Die nutzen wir aus, um in verschiedene Länder reisen zu können. Dort bringen wir die Spezialitäten mit oder fotografieren sie. Dann zeigen wir die Mitbringsel allen, die dich gehänselt haben. Die werden staunen!«

»Meinst, du, das klappt?«, fragte Jasmin mit zweifelnder Stimme.

»Na klar!«

Endlich war es so weit. Die Sommerferien waren herangetreten und Lilli und Jasmin fuhren oder flogen in die Türkei, nach Portugal, nach Spanien und Italien, nach Polen und Holland.

Ihr Flieger ging zuerst in die Türkei. Dort kauften sie türkisches Fladenbrot und fotografierten die etwas dunkelhäutigen Menschen, wie sie leben und arbeiten.

Nun fuhren sie mit dem Schiff übers Mittelmeer nach Italien. Hier wird Wein und Reis angebaut, der in Deutschland verkauft wird. Das alles knipsten sie mit dem Fotoapparat und fuhren dann weiter westwärts nach Spanien.

Die riesigen Hotels verblüfften Lilli und Jasmin. Von denen machten sie eine Zeichnung und fotografierten diese riesigen Gebäude.

Nach Portugal fuhren sie auch, denn dort gibt es eine ganze Menge Kork. Von dem Material nahmen sie ein Stück mit. Natürlich haben sie auch die riesigen Korkbäume auf ein Blatt als Andenken gezeichnet.

Später flogen sie nach Polen. Dort interessierten sie sich für die Steinkohle und das Erdöl. Die beiden knipsten die Schächte und fuhren in die Niederlande.

Die Tulpenfelder fanden sie hier am besten. Der Käse schmeckte aber auch nicht schlecht. Als Erinnerung nahmen sie einen großen Blumenstrauß mit. Nun aber ab nach Deutschland zurück.

Schon nach ein paar Tagen fing die Schule wieder an. Natürlich nahmen die beiden alle Erinnerungsstücke mit.

Lilli und Jasmin zeigten den Jungen die Fotos und alle Andenken. Diese merkten, dass sie einen großen Fehler gemacht hatten und entschuldigten sich bei Jasmin, denn sie hatten erkannt, dass wir in anderen Ländern auch Ausländer sind und wir alle einander brauchen.

Nun waren alle zufrieden, aber am meisten Jasmin.

SILJA KARRMANN
Unter Wasser

In den Ferien sind wir nach Italien gefahren.

Von dem Zeltplatz konnten wir das Meer sehen.

Wir sind jeden Tag hinunter zum Meer gegangen. Wir nahmen auch eine Taucherbrille und einen Schnorchel mit. Unten haben wir die Sachen ausgepackt und sind dann ins Meer gegangen.

Ich wollte gerne ausprobieren, wie das Schnorcheln ist. Wir haben die Schwimmflossen angezogen, die Taucherbrillen aufgesetzt und den Schnorchel in den Mund gesteckt. Als ich anfangen wollte, tauchte ich unter, kam jedoch gleich wieder hoch, denn ich hatte Wasser in die Augen bekommen. Ich versuchte es noch ein paar Mal, aber es klappte nicht. Immer wieder lief Wasser in die Maske.

Als meine Eltern schon herausgehen wollten, blieb ich noch drin und startete meinen letzten Versuch. Plötzlich klappte es. Es war wunderschön, zwischen den Pflanzen waren viele bunte Fische, die um den Fels schwammen. Als ich wieder auftauchte, sah ich, dass man von der Wasseroberfläche von der Landschaft unter Wasser nichts erkennen konnte.

Ich fand das Tauchen sehr schön und freue mich schon auf den nächsten Urlaub.

KEVIN KEMPERDIECK
Das verschollene Auto

Einmal im Jahr fährt unsere Familie in den Norden. Einen Tag bevor wir fahren, bin ich schon sehr aufgeregt.

Am nächsten Morgen klingelte mein Wecker um 4.30 Uhr. Meine Eltern waren schon wach. Während meine Mutter die Butterbrote für das Frühstück schmierte, duschte sich mein Vater. Als wir alle gewaschen und angezogen am Frühstückstisch saßen, verzehrten wir hektisch unser Butterbrot, denn die Fahrt sollte jetzt bald losgehen.

Nach dem Frühstück packten wir noch schnell die restlichen Sachen ein und fuhren los. Nun begann eine langweilige Autobahnfahrt. Da ich sehr früh aufgestanden war, nickte ich ein bisschen im Auto ein.

Plötzlich wurde ich durch ein lautes Blaulichtgeräusch geweckt. Ich riss die Augen auf. Als ich rausschaute, sah ich, dass die Autos für einen Krankenwagen eine Gasse bildeten. Irgendwo vor uns musste ein Unfall passiert sein. Das hieß jetzt für uns, dass wir in einen riesigen Stau kamen.

Um dem Stau auszuweichen, fuhren wir auf den Rastplatz Dammer Berge. Das Interessante an diesem Rastplatz ist, dass das Restaurant direkt über die Autobahn gebaut ist und von beiden Richtungen zugänglich ist.

Meine Eltern und ich gingen dort eine Kleinigkeit essen und trinken. Vom Restaurant aus, sahen wir einen Mann, der suchend um die parkenden Autos herumlief. Wir fragten uns, was er da wohl tat. Als wir wieder an unserem Wagen waren, fragten wir den Mann, ob wir ihm helfen könnten.

Mit aufgeregter Stimme erzählte er uns, dass er genau hier seinen Wagen abgestellt hätte und er jetzt nicht mehr da wäre. Er hätte schon sämtliche Reihen abgesucht, das Auto wäre einfach nicht mehr da.

Plötzlich kam mir eine Idee.

Ich fragte den Mann: »Wohin möchten Sie denn?«

Der aufgeregte Mann sagte: »Ich möchte in Richtung München«.

Da ging mir ein Licht auf. Wie aus einer Pistole geschossen sagte ich: »Hier parken doch nur die Autos, die in Richtung Hamburg fahren wollen, da müssen Sie den anderen Ausgang des Restaurants nehmen.«

Dem Mann fiel ein Stein vom Herzen, er bedankte sich bei uns und lief schnell durch das Restaurant zum anderen Ausgang, der in Richtung München führt. Dort stand sein Auto unversehrt auf dem Parkplatz.

Inzwischen hatte sich der Stau aufgelöst, und wir konnten unsere Urlaubsreise Richtung Norden fortsetzen.

PIERRE-MAURICE KERSEBAUM
Die Schwarzwaldreise

Als wir Sommerferien hatten, bin ich mit meiner Mutter und einem Bekannten in den Schwarzwald gefahren. Wir mussten fünf Stunden fahren, aber die Fahrt hat sich gelohnt. Wir haben viel unternommen, zum Beispiel waren wir schwimmen und haben ein Konzert besucht. Das war der erste Hammer!

Am nächsten Tag kam der zweite Hammer! Ein Kälbchen wurde geboren und es hat meinen Namen bekommen. Ab jetzt heißt es nicht mehr Kälbchen, sondern Pierre.

JONAS KLINGBERG
Kanu fahren!

Kanu fahren ist sehr schön,
wenn wir viele Wellen sehen.
Durch das Wasser geh'n die Ruder,
ich fahr mit meinem kleinen Bruder.
Immer weiter geht die Reise,
auf dem Baum sitzt eine Meise.
Plötzlich macht es bum, bum, bum,
unser Boot kippt plötzlich um.
Wir schwimmen an Land,
der Ort ist uns unbekannt.
Wir sind ganz nass,
und finden das gar nicht krass.
Wir trocknen unsere Sachen,
und wollen ein Feuer machen.
Danach paddeln wir nach Haus,
und das Gedicht ist aus.

PATRICIA KNEBEL
Griechenland

Ich saß im Flugzeug. Wir, meine Eltern und ich, wollten nach Griechenland fliegen. Ich schaute nach draußen und betrachtete die kleinen Wölkchen, die an mir vorbeizogen. Wolken können ganz verschieden aussehen. Einmal sind es Tiere, ein anderes mal sind es Gegenstände. Ich sah eine Wolke, die, wenn man sie genau betrachtete, wie ein Elefant aussah.

Plötzlich sagte eine Stimme neben mir: »Patricia, wir sind bald da. Pack jetzt deine Sachen zusammen.«

Diese Stimme kannte ich. Es war die Stimme meiner Mutter. Ich packte meine Stifte ein, mit denen ich zuvor gemalt hatte.

Jetzt drang eine andere Stimme aus einem Lautsprecher: »Liebe Fluggäste, bitte schnallen Sie sich jetzt an.«

Ich klipste meinen Gurt zusammen. Wenige Minuten später befanden wir uns in einem Bus, der uns in unser Hotel brachte.

Der Bus hielt an und wir befanden uns in einem kleinen Dorf. Mein Vater erklärte mir, dass die Kirche und der Marktplatz alles zu dem Hotel gehören würde. Es gab einen Hotel- und einen Bungalowteil. Wir wohnten im Bungalowteil. Man wohnte in ganz kleinen griechischen Häusern. Alle Häuser zusammen ergaben ein kleines Dorf. Wir stellten unsere Sachen im Bungalow ab und gingen zum Strand.

Alle Liegen waren besetzt. Nur eine im Schatten eines Baumes war frei. Meine Mutter breitete ein Handtuch auf der Liege aus. Ich zog meine Schuhe aus und lief nach vorne, wo das kalte Wasser meine Zehen kitzelte. Das Wasser schimmerte türkis-blau. Kleine silberne Fische schwammen darin herum. Ich krempelte meine Hose hoch und watete bis zu den Knien ins Wasser. Vor mir sah ich etwas golden glitzern. Ich hob es auf. Es war ein kleiner Stein, der aussah, als sei er mit feinem Blattgold bedeckt. Den Stein würde ich meiner Freundin aus Deutschland mitbringen, denn sie sammelt Steine.

Es wurde Abend und wir gingen geschafft ins Bett.

Nach dem Frühstück wollte ich mich in dem kleinen Dorf einmal umsehen. Ich ging eine kleine Straße entlang. Auf einmal hörte ich ein leises Miauen. Es kam aus der Richtung eines alten Baumes. Ich bückte mich und guckte unter den Baum. Ich sah eine kleine Katzenfamilie. Die Mutter hatte schwarz-braun-weißes Fell. Es gab fünf Katzen. Eine schwarze mit einem Fleck auf der Stirn, eine getigerte, zwei weiße mit einem braunen Fleck auf der Stirn und eine mit schwarzweißen Flecken auf dem Rücken. Sie waren so niedlich.

Ich rannte in den Speisesaal, wo noch ein paar Leute saßen. Ich ging zur Käsetheke und wickelte verschiedene Sorten Käse in eine Serviette. Dann lief ich schnell wieder zu den Kätzchen. Ich brach den Käse in kleine Stücke und fütterte die Katzen damit. Sie waren sehr hungrig. So fütterte ich sie jeden Tag.

Die Tage gingen so schnell vorbei und schon war der Tag der Abreise da. Ich lief ein letztes Mal zu den Katzen, verabschiedete mich von ihnen und kraulte sie ein letztes Mal unterm Maul. Dann flogen wir wieder nach Deutschland.

Nächstes Jahr werden wir wieder nach Griechenland fliegen und vielleicht sehe ich die Katzen wieder. Vielleicht sogar mit ihren eigenen Kindern.

HANNAH KOCH
Der Wald der kriechenden Steine

Als wir einmal in den Osterferien in die Türkei (nach Belek) flogen, entdeckte ich etwas ganz Tolles!

An einem schönen sonnigen Tag fuhren Mama und Papa fort, um sich die grüne Landschaft anzusehen. Ich blieb mit meiner Schwester im Hotel.

Als Mama und Papa mit den Rädern wiederkamen, erzählten sie: »Ihr müsst unbedingt mitkommen! Was euch erwartet, erzählen wir nicht!«

Natürlich waren wir sehr neugierig! Wir fuhren in einen Kiefernwald, in dem es kriechende Steine gab.

Ist das hier ein Zauberwald?, dachte ich.

Doch da entdeckte ich an dem Stein vier Beine und einen kleinen Kopf. Papa erklärte: »Hier ist ein Naturschutzgebiet für Schildkröten!«

Wir staunten nicht schlecht! Denn wir sahen wirklich an diesem Nachmittag 61 größere und kleinere Schildkröten.

Ich habe sogar eine Schildkröte von einer befahrenen Straße gerettet.

Nun hatten wir noch viele Tage in der Türkei. Doch jeden Tag besuchten mein Vater und ich die Schildkröten.

NINA KOHLMANN
Unterwegs im Heißluftballon

Meine Freunde und ich wollten alle gerne schon einmal fliegen. Da kam Laura auf die Idee, dass wir einen Heißluftballon bauen könnten. Alle fanden den Vorschlag toll. Wir beschlossen, dass jeder am nächsten Tag so viel Stoff mitbringen sollte, wie er fand. Dann nähten wir alles zu einem großen Ballon zusammen. Es dauerte viele Tage.

Nachdem der Ballon fertig war, brauchten wir einen großen Korb. Wir holten von zu Hause Weidenkörbe und flochten sie aneinander. Dafür brauchten wir auch wieder viel Zeit. Wir holten dicke Seile und verknoteten das Ganze. Nun brauchten wir nur noch Gas, um loszufliegen.

Angelinas Vater konnte Gas von der Arbeit mitbringen. Am Wochenende war es dann so weit. Wir stiegen alle in den Korb ein und ich schnitt die Halteleine durch.

Wir flogen zuerst über Kupferdreh und sahen viele Freunde und winkten ihnen zu, anschließend flogen wir über den Baldeneysee und über Essen. Als es dunkel wurde, landeten wir auf einem großen Feld.

Am nächsten Morgen starteten wir wieder ganz früh und flogen weiter. Unter uns sahen wir Bauernhöfe, einen Schafhirten mit einer riesigen Herde und viele Wälder. Dann flogen wir auch über eine große Stadt und wir wußten nicht mehr, wo wir waren. Wir flogen ein Stück tiefer und da sahen wir, dass wir über Düsseldorf waren. Wir schauten uns Düsseldorf noch von oben an, dann wollten wir wieder nach Hause.

Als wir ankamen, freuten sich alle, dass wir wieder da waren und ich freute mich auch.

LASSE KÖLKER
Unterwegs im Internet

Ich habe einen Computer mit einer Braillezeile (Blindenschriftzeile). Auf ihr kann ich alles lesen, was ihr auf dem Bildschirm seht. Über den 80 Buchstaben gibt es kleine Knöpfe, die für mich so sind wie für euch eine Maus. Um mit dem Computer zu arbeiten, muss ich erst mal warten, bis er hochgefahren ist. Er zeigt mir dann *loading done* an. Danach drücke ich drei Tasten gleichzeitig runter: Strg+Alt+Entf.

Anschließend gebe ich ein Password ein, was hier natürlich nicht verraten wird.

Um ins Internet zu kommen, drücke ich noch ein paar Tasten und bin sofort bei meiner Lieblingssendung *Lilipuz* angekommen. Das ist eine Sendung für Kinder. Sie kommt täglich im Radio auf WDR 5 von 14.05 bis 15.00 Uhr und sonntags von 8.05 bis 8.55 Uhr.

Wenn ich zweimal Bild runter und einmal den Cursor drücke, komme ich direkt nach allgemeinem Erwachsenenkram zum Lilipuz-Kinderprogramm.

Es gibt zum Beispiel eine Programmvorschau für jeden Wochentag. Außerdem finde ich dort Aktionen, so wie die Sommertour, die in jeden Sommerferien stattfindet und durch ganz NRW führt. Im *Klicker* (Nachrichten für Kinder) habe ich ganz viele Meldungen über Kampfhunde gesammelt und ausgedruckt. Ich habe nämlich einen eigenen Blindenschriftdrucker, der an den Computer angeschlossen ist. Manchmal meckert der Drucker mich an mit dem Satz *Kein Papier!*. Dabei stürzte der Computer oft ab. Seitdem wir eine neue Maus für meine Eltern angeschlossen haben, passiert das nicht mehr.

Ich könnte mir die Lilipuzseiten auch vom Computer vorlesen lassen, aber eigentlich lese ich sie lieber selbst.

Gerne fülle ich auch den Stimmzettel für die Hitparade aus, die jeden ersten Donnerstag im Monat läuft. Beim Link *Lesepuz* findet man alle Bücher, die dienstags in den Sendungen vorgestellt wurden.

Manchmal lese ich mir auch bei www.musiksampler.de die Lieder von meinen Lieblings-CDs *Just the Best* und *Bravo Hits* durch.

Im Internet kann ich schon fast ganz alleine unterwegs sein, nur um e-mails aufzurufen, brauche ich noch etwas Hilfe.

TIMO KREY
Der chaotische Flug

Eines Tages fuhr ich mit meiner Familie zum Flughafen, um dort mit einem Flugzeug nach Amerika zu fliegen. Das Flugzeug war schon längst weg, als wir ankamen. Und weil wir noch so lange in der Schlange zur Kasse standen, flog das nächste Flugzeug auch weg.

Aber wir bekamen nun endlich das Flugzeug um 8.50 Uhr. Als wir drinnen waren, mussten wir bis hinten latschen, weil da noch gerade eben vier Plätze frei waren. Als das Flugzeug zur Startbahn rollte, hatte Madlen, meine Schwester, sich wehgetan, sie war mit ihrem Kopf an den Vordersitz gestoßen.

Dann hob das Flugzeug ab und ich nahm mir schnell ein Kaugummi. Eine halbe Stunde später mäkelte mein Vater, er müsse aufs Klo. Später sagte der Pilot, es würde Essen geben. Ich nahm Brot mit Nutella und Kakao, Madlen nahm auch Brot mit Nutella und Milch. Mama und Papa nahmen Brötchen mit Ei und Kaffee.

Plötzlich erschien das Anschnallzeichen und wir schnallten uns an. Als ich einen Schluck trinken wollte, fing das Flugzeug an zu wackeln. Ich hatte meinen ganzen Kakao im Gesicht. Alle lachten, nur ich nicht.

Da sagte Mama: »Dir wächst ja schon ein Bart.« Darauf fing ich auch an zu lachen. Das Flugzeug wackelte immer noch.

Ich schaute aus dem Fenster und sagte: »Da draußen blitzt und donnert es.«

Nach zwei Stunden hatte das Gewitter aufgehört. Manche Leute sahen schon grünlich aus und die Stewardessen verteilten Brechtüten. Nach einer weiteren halbe Stunde landete das Flugzeug und wir gingen zum Bus, der uns zum Hotel fuhr. Blöderweise standen wir noch eine Stunde im Stau. Um 5.00 Uhr morgens waren wir endlich im Hotel. Total übermüdet fielen wir ins Bett und schliefen noch bis 13.30 Uhr.

LISA KRUMBEIN
Der kleine schwarze Besucher

Einmal, da sind wir in den Urlaub gefahren, und da ist uns etwas ganz Komisches passiert.

Das Ganze fing so an: Ich war am Strand und hatte Muscheln gesammelt. Die Muscheln waren aber leider noch nicht trocken. Also beschloss ich, sie auf die Terrasse in die Sonne zu legen.

Nun gingen wir zum Essen. Nach dem Essen wollte ich sehen, ob die Muscheln und Steine trocken geworden waren. Doch als ich mich runterbeugte, traf mich der Schlag.

Die Muscheln waren überall auf der Terrasse verstreut und der Eimer, in dem die Steine waren, umgeschmissen.

»Wer war das denn?«, fragte ich erschrocken. Dann gingen wir schlafen.

Am nächsten Morgen fand ich Fusseln und schwarze Haare in meinem Bett. Das konnte wirklich jeder sein, denn unsere Tür blieb zur Terrasse hin immer auf. Auch an diesem Tag waren wieder meine Muscheln durchwühlt. Doch nun wollten wir den Einbrecher kennenlernen.

Am Abend war ich müde und schlief schnell ein. Als ich morgens aufwachte, bekam ich einen Schreck. Eine kleine Katze hatte sich eingenistet und lag an meinen Füßen. Als Mutti und Papa das merkten und der Kater wach geworden war, brachten wir ihm Milch. Danach sprang der Kater von der Terrasse auf ein Dach, und von dem Dach aus in das Restaurant. Am Abend kam er immer wieder und schlief bei uns.

Am vorletzten Tag fragten wir den Wirt, ob der Kater ihm oder jemand anders gehört.

Der Wirt sagte: »Es ist meine liebste Katze. Denn er ist etwas Besonderes. Seine Mutter war eine Siamkatze und sein Vater ein Hauskater. Blacky ist aus Deutschland nach Croatien mitgenommen worden. Und jetzt wohnt er bei uns hier im Restaurant.«

Blacky schlief noch eine Nacht bei uns. Am Morgen verabschiedeten wir uns von ihm. Ich versprach ihm, dass wir nächstes Jahr wiederkommen werden. Blacky tappelte mit auf den Parkplatz und sah zu, wie wir wegfuhren.

Als wir das nächste Jahr wiederkamen, war der Kater verschwunden.

Der Wirt berichtete uns, als wir danach fragten: »Der Kater ist tot, böse Menschen haben ihn vergiftet. Doch wir haben eine andere Katze, und die ist genauso lieb. Vielleicht tröstet euch das.«

Ich war im ersten Moment furchtbar traurig, aber als ich hörte, dass noch eine andere Katze da ist, war ich wieder ein bisschen aufgeheitert.

Aber eine so schöne Katze wie Blacky habe ich nie wieder gesehen.

LARA KUNST
Auf dem Bauernhof

Letztes Jahr war ich auf dem Bauernhof.

Dort gab es viele Tiere: Kühe, Katzen, Gänse, Hasen und Schweine. Aber am besten fand ich, dass ich mit dem Traktor fahren durfte. Ich habe sogar die Kühe gefüttert und manchmal hab ich im Kuhstall Wasserbomben auf den Boden geschmissen. Das hat *Peng* gemacht und die Kühe haben dumm geguckt.

Ich hatte auch eine Freundin auf dem Bauernhof. Na ja, es war kein Mensch, sondern eine Katze, die Sissi hieß. Sissi hatte fünf Geschwister. Die Mutter von allen Kätzchen war tot. Sie ist bei der Geburt gestorben. Deswegen nuckelte Sissi an meinem Finger oder an meiner Hose. Dann war ich immer nass. Ich glaube, Sissi dachte, ich wäre ihre Mutter. Ich hatte sie auch wirklich sehr lieb. Mit Sissi spielte ich, so oft ich Zeit hatte. Das war nicht jeden Tag. Denn manchmal machten wir auch Ausflüge.

Eines Morgens, als Mama mich weckte, hat sie gesagt: »Wir gehen ins Salzbergwerk!«

Als wir endlich da waren, mussten wir lustige Bergmannskleidung anziehen. Ich habe die Mama ausgelacht, weil sie so komisch aussah. Im Salzbergwerk war es schön. Dort gab es lange Rutschen, die in das Innere des Berges führten.

Als wir dann zum Bauernhof zurückkamen, haben wir uns auf die Wiese vor dem Haus auf eine Decke gelegt, uns ausgeruht und etwas gespielt. Schon kam auch Sissi zu mir.

Ich bin schnell nach oben in mein Zimmer gerannt und habe einen Faden mit einem Stück Papier geholt. Dann spielte ich mit Sissi. Danach waren wir beide müde und setzten uns wieder gemütlich auf die Decke. Sissi hat an meinem Finger genuckelt und ist eingeschlafen.

Bald ist sie wieder aufgewacht. Unsere Decke befand sich in der Nähe eines elektrischen Zaunes. Noch etwas müde torkelte Sissi darauf zu und bekam einen Stromschlag. Sie hat sich furchtbar erschrocken und laut miaut. Ihr ganzes Fell sträubte sich und stand zu Berge.

Vor lauter Schreck hüpfte sie auf ein kleines Lämmchen. Und das Lämmchen erschrak sich sehr und lief blökend zu seiner Mutter. Sie erklärte ihm, dass die Katze an den elektrischen Zaun gekommen war. Da beruhigte sich das Lamm.

Das Kätzchen tat ihm leid. Es machte den Kopf runter und ließ die Katze absteigen. Sissi hüpfte diesmal aber sehr vorsichtig durch den Zaun und lief zu ihren fünf Geschwistern.

Ende gut, alles gut.

JESSIKA KUSOLD
Mein Schulweg

Wenn ich zur Schule gehe, dann treffe ich Rabitaa und dann gehen wir zusammen zur Schule. Dann treffen wir Jenny und dann gehen wir zusammen zur Schule.

Unterwegs reden wir über das Wochenende. Dann besprechen wir, ob wir in der Pause Polo spielen sollen. Dann sagen wir ja.

Dann klingelt es und wir müssen rein.

Und dann spielen wir die ganze Pause.

DANIELA LACH
Der Umzug

Im letzten Sommer mussten wir umziehen, weil mein Vater in einer anderen Stadt Arbeit gefunden hatte. Als ich von dem Umzug erfuhr, wurde ich wütend, denn ich wollte bei meinen Freundinnen bleiben. Vor Wut schmiss ich meinen Hausschuh vor das Regal.

»Ich will nicht umziehen, also werde ich auch nicht umziehen!«, schrie ich.

Ich stampfte vor Wut die Treppe hoch in mein Zimmer. Dort schlug ich die Tür so feste zu, dass es durch das ganze Treppenhaus knallte.

Doch nach und nach gewöhnte ich mich an den Gedanken, dass wir umziehen würden. Alle meine Freundinnen meinten, dass wir weiter Freundinnen bleiben würden und uns ja schreiben oder besuchen könnten.

Schließlich war es so weit und der Stress begann. Wir mussten Kartons packen, Möbel auseinander bauen und viele neue Sachen kaufen.

Am ersten Tag in den Sommerferien zogen wir um. Zum Glück musste ich nicht mithelfen, denn meine Mutter brachte mich jeden Morgen für eine Woche zu einem Reiterhof.

Nach den Sommerferien ging ich in die neue Schule. Zum Glück kannte ich schon einige Kinder, denn ich war schon in der neuen Stadt zur Kommunion gegangen. Die anderen Kinder lernte ich auch schnell kennen.

Ich spiele oft mit meinen Freundinnen. Auch meine alten Freundinnen besuche ich noch öfter am Wochenende oder ich telefoniere mit ihnen, denn zum Schreiben sind wir meistens zu faul.

TIMO LAHMER
Die Tunesien-Reise

Mit dem Auto dauerte die Fahrt von zu Hause bis zur Fähre 14 Stunden. Es war sehr langweilig. Ich musste dauernd Pippi. Ich habe fast alles von meinem Bandolino durchgespielt. Ich habe auch ein ganz tolles Bild gemalt. Das letzte Stück Fahrt zur Fähre fühlte sich an wie eine Achterbahn. Es war wie eine Fahrt durch ein Labyrinth.

Nach circa eineinhalb Stunden Fährfahrt und einem halben Glas eiskalten Orangensaft war ich seekrank, hatte schlimme Bauchschmerzen und musste vier- bis fünfmal kotzen.

Die ganze Nacht hindurch hatte ich noch Magenkrämpfe. Auch Mama und Papa war es etwas mulmig. Am nächsten Morgen ging es mir nach dem Waschen schon viel besser.

Dann sind wir noch mal in die Dingsbums gegangen und haben Kaffee und Tee getrunken. Dort haben wir auch noch Hanni aus Österreich getroffen. Sie war auch seekrank. Von der Fähre waren wir schnell herunter.

Während wir auf unsere Freunde warten mussten, aß ich erst einmal Salzstangen, die ich eine halbe Stunde später in die nächste Spucktüte kotzte.

Die Warterei dauerte so ihre Zeit. Zuerst fuhren die Rallye-Autos von der Fähre. Dann kamen schließlich unsere Freunde. Und dann kam der Ersatzteile-Wagen von der Rallye.

Schließlich fuhren wir zur Jugendherberge. Dort schliefen wir die erste Nacht in Tunesien.

ERIK LANGE
Brasilien

Es war einmal ein kleiner Junge, der nach Brasilien fliegen wollte. Aber seine Mutter und sein Vater wollten das nicht.

Der Junge war ein Fußballer. Er konnte so gut Fußball spielen, dass er sogar Erwachsene besiegen konnte. Eines Tages spielte der Junge Fußball in seiner Schule und als er den Ball am Fuß hatte, konnte ihm keiner den Ball abnehmen.

Dann ist der Junge zu einem Mann gegangen und fragte ihn, ob er ins Fernsehen kommen könnte. Der Mann sagte, dass es kein Problem wäre. Und am nächsten Tag war der Junge im Fernsehen zu sehen und hat gezeigt, was er konnte.

Die Leute wollten, dass der Junge in eine Fußballmannschaft geht, weil er so gut wie ein Profi-Fußballer war. Er war der beste Fußballer der Welt. Und seine Mutter hat entschieden, nach Brasilien mit ihm zu gehen.

Sie sind nach Brasilien geflogen. Als sie in Brasilien waren, ist er in eine brasilianische Mannschaft aufgenommen worden. Die Mannschaft war so gut, dass die Familie durch den Jungen reich geworden ist.

Als der Junge älter war, konnte er eine ganze Mannschaft umdribbeln und noch ungefähr zehn Tore machen.

MARLENE LEVENIG
Die Reise unter Wasser

Ich bin getaucht.
    Und da schwammen viele bunte Fische an mir vorbei.
    Was war denn das da in der Ferne?
    Ich schwamm näher ran.
    Vor mir sah ich ein versunkenes Schiff.
    Schnell schwamm ich dorthin, um einen versunkenen Schatz zu suchen.
    Ich suchte und suchte.
    Plötzlich sah ich den Schatz unter mir.
    Ich schwamm mit dem Schatz nach Hause.
    Unterwegs kam ein Hai an mir vorbei und nahm mir den Schatz weg.
    Ich war froh, dass der Hai mich nicht gefressen hat.

LAURA LIDZBARSKI
Tim und der Ausflug in den Zoo

Eines Morgens, an einem Montag, sprang Tim so schnell es ging aus den Federn. Er freute sich sehr auf die Schule. Weil sie gerade heute einen Ausflug in den Zoo geplant hatten.

Seine Mutter wunderte sich auch, denn sonst musste sie ihn mit Mühe aus dem Bett zerren, aber eben heute nicht. Er aß schnell noch eine Schnitte und rannte dann zur Schule.

Er war der Erste, aber es dauerte nicht lange, da kamen auch seine Schulkameraden. Max und Lisa waren seine besten Freunde und sie redeten schon über die vielen Tiere.

Da kam die Lehrerin und rief die Kinder zusammen. Dann stiegen sie alle in den Bus und Tim konnte es gar nicht abwarten.

Als sie am Zoo angekommen waren, ging die Lehrerin zu einem Tisch, wo die Eintrittskarten verteilt wurden. Dann wurde das große Tor geöffnet und alle rannten sofort zum Affengehege, nur Lisa, Tim und Max nicht. Sie schlichen sich heimlich davon. Sie gingen zu den Reptilien und schauten sich die Zähne eines Krokodils an.

Doch nach dreifachem Zählen fiel der Lehrerin auf, das Tim, Lisa und Max nicht da waren. Alle durften sie suchen. So fand die Lehrerin überhaupt keinen mehr.

CHRISTIAN LÖPKE
Freier Eintritt

Es war einmal ein kleiner Junge namens Max und er war acht Jahre alt. Max wollte unbedingt mal in den Zoo. Aber seine Eltern hatten wenig Geld und das brauchten sie, um sich zu ernähren. Da war Max ganz traurig.

Denn er wollte unbedingt mal den Alligator sehen.

Aber wie sollte das gehen, wenn kein Geld da war? Da hatte er eine Idee! Er schnappte seinen Rucksack, ging in die Küche, nahm den letzten Apfel aus der Obstschale, nahm noch schnell zwei Scheiben Brot mit und schon war er aus der Tür.

Zum Zoo war es nicht weit. Er musste nur durch einen Park gehen. Schon war er da. An der Zookasse war es leer. Der Kassierer legte Max schon die Eintrittskarte hin und verlangte sechs Mark.

»Leider habe ich kein Geld, aber ich könnte die Tiere füttern«, sagte Max und legte dem Kassierer den Apfel und die zwei Scheiben Brot hin.

Der Kassierer guckte erst verdutzt, aber dann lächelte er und antwortete mit freundlicher Stimme: »Okay. Ich lasse dich rein. Aber nur dieses eine Mal. Und du kannst dir noch etwas für die Tiere aus der Vorratskammer nehmen. Die ist gleich, wenn du reinkommst, links.«

Max freute sich: »Ja, mache ich.«

Er lief glücklich zu dem Alligator, nachdem er die Tiere vom Streichelzoo gefüttert hatte.

LEA LOSACKER
Die Klassenfahrt mit Hindernissen

Die Klasse 4a war schon ganz aufgeregt wegen der Klassenfahrt. Endlich fuhren wir los zum Ponyhof Budde. Nun kamen wir auf die Autobahn.

Plötzlich rammte uns mit voller Wucht ein LKW von hinten. Wir schleuderten auf einen anderen Reisebus zu.

Lisa schrie: »Hilfe, ich falle nach vorne!«

Tara schleuderte gegen den vorderen Sitz! Nevlins Brille flog durch den ganzen Bus.

Auf einmal hörte man ein Knallen.

Der Busfahrer rief: »Rettet euch in die Mitte des Busses, sonst werdet ihr zerquetscht.« Sebastian schlief gemütlich auf dem Sitz ganz hinten. Er hatte nichts gemerkt.

Frau Langer, unsere Lehrerin, zählte die Kinder. Sie merkte, dass ein Kind fehlte.

Frau Langer rief: »Kinder, sucht Sebastian!«

Jacqueline hatte ihn gefunden. Er war aufgewacht.

Es war schon zu spät! Jacqueline und Sebastian wurden mit zerquetscht.

Lea rief: »Rennt nach draußen ins Gebüsch, der Bus fängt an zu brennen!«

Alle rannten nach draußen. Eine Hälfte des Busses brannte schon. Plötzlich zerbrach der Bus in zwei Teile. Der zweite Teil, in dem Jacqueline und Sebastian waren, fing so kein Feuer.

Ein Autofahrer rief die Polizei und die Feuerwehr. Nach ein paar Minuten waren alle Löschzüge und Polizeiwagen angekommen. Ein Krankenwagen war auch da. Die Feuerwehrleute löschten das Feuer und befreiten Jacqueline und Sebastian aus den Trümmern des Busses. Sie wurden ins Krankenhaus eingeliefert. Nun gingen wir jeden Tag Jacqueline und Sebastian im Krankenhaus besuchen. Nach einem Monat waren beide wieder gesund und durften wieder in die Schule.

Anstatt der Klassenfahrt feierten wir ein großes Wiedersehen für unsere beiden Pechvögel Jacqueline und Sebastian.

Das Fest war schön und am nächsten Morgen war dann wieder richtiger Unterricht.

KATHARINA LUCKNER
Der Weg des Brotes

Ich heiße Kassler und bin ein Brot. Meine Geschichte beginnt bei Bäcker Schmidt im Regal.

Ich höre, wie eine Kundin in den Laden kommt und sagt. »Guten Morgen, Herr Schmidt, ich möchte ein Kassler.«

Bäcker Schmidt nimmt mich aus dem Regal und steckt mich in eine dunkle Tüte. Dann werde ich gerüttelt und geschüttelt, bis mir ganz schwindelig wird.

Als die Frau zu Hause ist, nimmt sie mich aus der Tüte heraus und legt mich in eine dunkle Kiste – mir ist langweilig.

Plötzlich höre ich eine fremde Stimme, die sagt: »Mama, ich habe Hunger, schmierst du mir ein Brot!«

»Ja, sofort!«

Es wird hell und ich werde aus der Kiste genommen. Mit einem scharfen Messer wird eine Scheibe von mir abgeschnitten, das tut weh. Dann werde ich mit Butter und Schmierkäse bestrichen, das riecht gut und die Schnittkante tut auch nicht mehr so weh.

Jetzt sehe ich, wie ich in ein großes dunkles Loch gesteckt werde. Viele kleine Zähne zerbeißen mich. Dann geht die Rutschpartie los, durch eine lange dunkle Röhre in einen kleinen See, den Magen. Durch die Flüssigkeit in dem See werde ich zu einem Brei und wandere weiter durch einen langen Schlauch.

Plötzlich wird es hell und ich plumpse in ein großes kaltes Wasser, dann höre ich ein schreckliches Geräusch und es geht weiter in rasender Fahrt.

ELENA LÜTZ
Ausflug in Lanzarote

In den Sommerferien waren wir in Lanzarote. Dort haben wir uns ein Auto gemietet und sind zu einem Museum gefahren. Da waren tolle Dinge, die ein berühmter Architekt und Künstler gemalt und umgebaut hat. Er hieß César Manrique.

In einem der schönen Häuser waren auch viele wertvolle Bilder ausgestellt. Überall vor diesen Gemälden waren dicke Drähte gespannt. Man durfte sie nicht berühren. Aber ein Bild sah so schön aus und ich habe es doch angefasst.

Sofort kam eine Aufsichtsperson und sagte etwas auf Spanisch zu mir und zu meinen Eltern. Ich bekam schon einen großen Schrecken, weil der Mann so ernst und böse guckte.

Meine Mutter meinte dann zu mir: »Du darfst hier nichts anfassen.«

Das war sehr schade, denn es gab viele tolle Sachen zu sehen. Dann fuhren wir weiter zu den Feuerbergen.

KEVIN MANTHEY
Unterwegs

Eines Abends um 20.30 Uhr hatte ich vor, mit meinem Vater Fußball in der Diele zu spielen. Unsere Diele ist zwar nicht so groß wie der Fußballplatz meines Vereins, aber immerhin.

Mein Vater sollte eigentlich um diese Zeit schon von der Arbeit zu Hause sein, aber er war noch nicht da.

Plötzlich hatte ich eine Idee. Er war ja über sein Handy zu erreichen. Also rief ich ihn von zu Hause an. Er ging ans Handy.

Ich hörte: »Ja, bitte!«

Ich fragte: »Wann kommst du nach Hause?«

Die Verbindung war nicht so gut.

»Ich bin unterwegs Grommpfnn«, verstand ich noch.

Ich dachte: *Oh Mist, ein Funkloch.*

Ich legte auf. Ich dachte: *Er muss wahrscheinlich noch am Parkplatz seiner Arbeit sein, denn er darf ja nicht beim Fahren telefonieren.*

Plötzlich klingelte es. Ich machte auf. Herein kam mein Vater.

Aha, dachte ich, *er muss wahrscheinlich sein Auto an der Garage schon geparkt haben, als ich ihn angerufen habe.*

Ich freute mich ja so, dass wir noch eine Partie Fußball spielen konnten!

JULIAN MARNER
Jans abenteuerliche Reise

Es sind Sommerferien und Jan und seine Familie wollen nach Kreta fliegen.

Jan ist schon sehr aufgeregt, da er einen langen Flug vor sich hat. Nach einigen Stunden, als sie den Flug hinter sich haben und aus dem Flugzeug steigen, merkt Jan, wie heiß es auf Kreta ist.

Am Flughafen wartet ein Taxi auf sie, es soll sie zum Hotel bringen. Auf der Fahrt kommen sie an großen Felsen und Bergen vorbei.

In dem Hotel gibt es einen großen Pool, das gefällt Jan. Jan findet auch gut, dass das Hotel am Meer liegt. Der Gepäckträger zeigt Jans Familie das große Zimmer. Sie legen ihr Gepäck ab und sehen sich um. An diesem Tag gehen sie an den Strand und sonnen sich. Am Abend schläft Jan schnell und glücklich ein, Kreta findet er schön.

Am nächsten Morgen geht Jan sofort nach dem Frühstück auf Entdeckungstour. Er läuft durch Sanddünen und ist bald weit weg vom Hotel.

Da sieht er ein Seil, er geht näher an das Seil und auf einmal bewegt es sich. Da sieht er, dass es eine Schlange ist. Er bemerkt, dass sie verletzt ist, aber traut sich nicht sie anzufassen.

Dann nimmt er sie doch und rennt zum Hotel. Er sagt seinen Eltern Bescheid und sie rufen sofort ein Taxi. Sie fahren zum Tierarzt. Er gibt ihr eine Spritze. Er erklärt Jan, dass sie ungiftig ist.

Der Tierarzt fährt mit Jan und der Schlange in die Wildnis und sie lassen die Schlange frei.

Der Arzt sagt: »Gut, dass du die Schlange mitgenommen hast, sie wäre sonst gestorben.«

Jan ist etwas traurig, als er die Schlange wegzischeln sieht, aber er ist sich sicher, dass er diesen Urlaub nicht vergessen wird.

LAURA MASSENBERG
Das U-Boot

In den letzten Sommerferien wollten wir in einer Hafenstadt ein Schifffahrtsmuseum besuchen.

Das Aufregendste war das U-Boot.

Ich sagte zu meinen Eltern: »Ich möchte gerne das U-Boot besichtigen.«

Wir gingen in das Boot rein. Ich war erstaunt, dass die Räume des U-Bootes so klein waren. In der Kommandozentrale war eine Wand voller Hebel und Knöpfe. Auf einem großen Schild stand: »Nicht berühren«.

Doch mein kleiner Bruder drückte auf einen Knopf. Weil dieses U-Boot im Wasser lag, fürchteten wir, dass es gleich losfahren würde. So war es auch.

Das Boot tauchte unter. Wir versuchten es zu lenken und fuhren weiter und weiter tief im Wasser. Auf einmal sahen wir Reste von Häusern und Türmen.

Mein Vater meinte, das wäre eine versunkene Stadt.

»Vielleicht ist es Atlantis«, sagte er.

Da rief plötzlich mein Bruder: »Eine Meerjungfrau!«

Ich dachte, mein Bruder spinnt, doch dann sah ich sie auch. Sie schwamm am Fenster vorbei und winkte uns zu. Mein Bruder wollte mit ihr sprechen, doch mein Vater meinte, wir müssten umkehren. Wenn das U-Boot zu lange weg wäre, würden sich die Leute im Museum wundern.

Deswegen fuhren wir zurück in den Hafen und tauchten wieder auf.

LENA FRANZISKA MEIER
Mit Otto und Oli durch Bochum!

Otto war ein Elefant und wohnte eigentlich im dichten Dschungel von Afrika. Doch nun war er hier, mitten im dichten Einkaufsgedränge der Bochumer City.

Komisch, dachte Otto, *sieht ein bisschen nach meinem Dschungel aus!*

Manche Leute hatten Angst und manche guckten einfach nur.

Also, nichts wie nach dem Zoo fragen, aber wo?

Da sah er ein großes Kaufhaus, auf einem Schild war zu lesen: »Info«, es zeigte nach rechts. Da Otto, bevor er ins Ruhrgebiet kam, einen Deutschkurs gemacht hatte, begriff er schnell, wohin er gehen musste.

Am Info-Strand fragte er: »Wo ist der Bochumer Tierpark?«

»Ach, Sie suchen die Bochumer Tierhandlung mein Herr, nicht wahr? Die befindet sich im fünften Obergeschoss«, antwortete der nette Verkäufer.

Da kam Otto eine Idee. »Wo befindet sich die Abteilung für Karten und Atlanten?«, wollte jetzt Otto wissen.

»Die ist gleich um die Ecke«, sagte der jetzt etwas unsichere Verkäufer.

Schon nach wenigen Minuten hatte Otto eine Karte vom Ruhrgebiet gefunden.

Leider bin ich nur vier Tage im Ruhrgebiet, hier gibt es ja so viel, dachte Otto traurig.

An der Kasse hatte er ein großes Problem: sein Geld! Natürlich hatte er nur Elefantengold, eine afrikanische Scheckkarte im Wert von 1000 Ö'lefös. Ein Ö'lefö ist ungefähr eine Deutsche Mark.

Die nette Kassiererin ließ den afrikanischen Gast durch, ohne dass er bezahlen musste. Von der City ging auch direkt ein Bus zum Tierpark, dort brauchte er auch keinen Eintritt zu zahlen.

Oli, die Robbe kam sofort zu ihrem alten Freund Otto ans Geländer geplatscht.

»Na, wie geht es?«, fragte Oli.

»Wie soll es sein, in der Wildnis geht es einem immer gut!«, trompetete Otto.

»Wo wollen wir unsere Tour machen?«

»Wir gehen ins Bergbau-Museum!«

»Sind denn die Röhren, die ihr Stollen nennt, groß genug für Elefanten?«

»Müssten sie eigentlich, denn es haben da früher ebenso große Maschinen drin gearbeitet. Manchmal musst du da, glaube ich, auf Knien rutschen!«

»Na, dann frag doch mal deinen Wärter, ob du vier Tage Ausgang bekommst.«

»Werde ich gleich nach dem Mittagessen fragen. Heute gibt es Hering, möchtest du auch etwas?«

»Nein, danke.«

Tatsächlich bekommt Oli vier Tage frei. Sofort nach dem Mittagessen von Oli kauften sie eine Wochenkarte vom Museum. Dort erlebten sie viele tolle Sachen.

»Es war sehr aufregend!«, meinte Otto. Auch Oli war begeistert. Nach vier Tagen flog Otto wieder in seinen warmen Dschungel zurück.

LUKAS MENGIS
Die Restaurantsuche

Als ich mit meiner Familie, also Mama, Papa und Bruder in Spanien war, wollten wir am Nachmittag essen gehe. Das Restaurant hieß »Kalter Hase«.

Als wir losfuhren, war es sehr heiß im Auto, denn die Sonne brannte. Wir waren so abgelenkt, dass wir am Restaurant vorbeigefahren sind. Das ging immer so weiter.

Wir fuhren im Kreis und sahen das Restaurant nicht.

Ein paar Minuten später rief ich meiner Mutter entgegen: »Mama, ich muss mal!«

Am Straßenrand hielten wir an. Ich stieg aus dem Auto und was war das?

Hundert Meter entfernt war ein großes Schild: Restaurant »Kalter Hase«!

Ich rief: »Da ist das Restaurant!«

Wir gingen hinein und aßen sehr gut.

PASCAL MENSEL
Der bunte Fisch

Es war einmal ein Junge, der wollte mit seinen Freunden im Wald spielen. Es lag ein bisschen Schnee. Da kamen sie an einem See vorbei.

Da sagte der Junge: »Kommt wir gehen auf den See.«

Der See sah so aus, als wäre er zugefroren. Aber das war er nicht.

Die Freunde zögerten, aber da war der Junge schon auf dem See.

Und plötzlich – kracks – da brach das Eis. Der Junge schrie und er zappelte. Doch es half nichts. Auch die Freunde konnten ihn nicht retten. Der Junge ging unter.

Doch plötzlich sah der Junge einen bunten Fisch.

Der Fisch sprach: »Komm, halt dich an mir fest. Ich helfe dir.«

Und als der Junge aufwachte, lag er auf dem Waldboden. Sein Papa schaute ihn grimmig an. Der Papa war nass, aber auch glücklich.

Wer mag wohl der Fisch gewesen sein?

SEBASTIAN MIKA
Hoch hinaus

Ich Sommer machte ich beim Ferienspatz mit. Diesmal ging's in die Zeche Helene zum Klettern. Meine Mutter und ich fuhren früh los.

Als wir endlich da waren, zog ich meine Turnschuhe an. Aber ich wusste nicht, was ich danach tun sollte.

Nach fünf Minuten rief ein älterer Mann: »Alle, die klettern lernen wollen, kommen hierher!«

Als ich das hörte, war ich froh, weil ich nicht mehr länger warten musste. Also ging ich hin.

Nun erklärte uns der Mann: »Wenn man klettert, ist die Sicherheit das Wichtigste. Also, bevor ihr das Klettern lernt, müsst ihr euch sichern können!«

Und so ging es eine halbe Stunde lang weiter. Als er endlich fertig war, ging ich zum Üben an die erste Kletterwand. Es wahr sehr schwer, sich an den Klettersteinen festzuhalten. Aber je öfter ich es tat, desto leichter wurde es. Als ich die erste Wand oft genug geklettert war, ging ich zur nächsten und so weiter.

Doch bei der neunten Wand ging es sehr schwer nach oben. Die Steine wurden immer kleiner und jetzt kam die Angst.

Was, wenn ich den Knoten nicht richtig gemacht habe oder der Sicherer mich nicht richtig sichert, wenn ich runterfalle? Ich wusste nicht, was ich tun sollte. Das Risiko herunterzufallen, war zu groß. Sollte ich weiterklettern?

Ich griff nach dem nächsten Stein. Doch ich rutschte ab und fiel. Ich dachte nichts mehr, ich kreischte nur noch: »Hilfe! Hilfe!«

Doch da stoppte ich. Der Sicherer hatte mich gefangen. Ich war überglücklich.

MARVIN MISIA
Unterwegs in Köln

Ich war mit meiner Familie in Köln. Wir sind in der Stadt rumgelaufen.

Danach sind wir an den Rhein gegangen. Wir haben uns auf die Brücke gestellt und in den Rhein gespuckt. Unsere Spucke ging nun auf Reisen. Sie war jetzt auch unterwegs wie wir.

Wir sind mit dem ICE zurückgefahren.

Es war ein toller Tag.

INA MÖLLER
Unterwegs zu Oma

Es war sieben Uhr, ich lag im Bett und ahnte noch nichts von dem, was heute passieren sollte. Plötzlich hörte ich ein Geräusch aus der Küche, aber Mama stand doch immer erst um zehn Uhr auf. Sollten etwa Einbrecher hier sein? Ich verhielt mich ganz ruhig, denn der Gedanke jagte mir Angst ein. Vorsichtig stand ich auf und schlich mich leise bis vor die Küchentür. Ich riss sie mit einem kräftigen Ruck auf. Und wer stand da?

Natürlich meine Mutter, sie drehte sich um und sagte: »Ina, musst du mich so erschrecken, was machst du hier eigentlich?«

»Dasselbe wollte ich dich auch fragen. Du stehst doch sonst immer erst später auf, was soll das?«, fragte ich zurück.

»Ich habe gerade beschlossen, dass wir heute zu Oma fahren, aber ohne Auto«, sagte Mama.

So etwas in der Richtung hatte ich mir schon gedacht und stöhnte laut auf.

»Was ist denn?«, fragte Mama, »ich dachte du fährst gerne zu Oma nach Münster.«

Fahre ich ja auch, aber nicht mit meinen Geschwistern, dachte ich, *aber das sagte ich lieber nicht laut.* Mama würde mir noch eine Predigt halten, dass ich nicht immer mit meinen Brüdern zanken sollte. Dazu muss man wissen, dass ich zehn Jahre alt bin, mein einer Bruder elf Jahre und der andere dreizehn Jahre ist. Der Jüngere heißt Timm und der Ältere Tobias. Aber nun wieder zurück in die Küche.

Alles Protestieren half nicht, ich musste mit. Um acht Uhr sagte Mama, ich soll Timm, Tobias und Papa wecken. Beim Frühstück wiederholte Mama alles, was sie mir auch schon gesagt hatte. Bald waren wir fertig angezogen und liefen zum Bahnhof. Wir erreichten den Zug gerade noch.

Im Zug nahm ich meinen Discman und hörte mit geschlossenen Augen Musik. Dabei bemerkte ich nicht, wie Timm sich anschlich und meine Schuhbänder verknotete. Nach fünf Minuten musste ich aufs Klo, ich stand auf und lief los, doch ich fiel sofort hin. Meine Brüder lachten sich schlapp. Wütend band ich die Bänder auseinander und lief zum Klo. Meine Eltern hatten alles mitbekommen und schmunzelten.

Vor dem Klo musste ich erst noch warten, dann kam ich endlich dran. Als ich fertig war wollte ich gerade rausgehen als ein plötzlicher Ruck mich zurückschleuderte. Ich rappelte mich auf, ging aus dem Klo um zu sehen was dort war. Ich sah aus dem Fenster und meine Vermutungen stimmten. Der Zug stand still.

Ich wollte hinaus gehen, doch draußen stand der Schaffner und sagte: »Alle bleiben drin. Hier haben welche die Schienen durchsägt, mehr nicht. In einer Stunde fahren wir weiter.«

Ich ging zu meiner Familie und erzählte alles. Timm und Tobias staunten, Mama und Papa stöhnten.

Ich griff zu meinem Discman als der Lautsprecher ertönte: »Alle Kinder kommen in Wagon 8, dort machen wir Spiele!«

Tobias, Timm und ich gingen hin und vergnügten uns. Der Schaffner hatte Recht, nach einer Stunde fuhren wir weiter und mit Verspätung kamen wir in Münster an. Oma wartete schon aufgeregt und wollte wissen, was los war.

Wir erzählten abwechselnd und zum Schluss sagte ich: »Das war die aufregendste Zugfahrt, die ich je gemacht habe.«

LUCAS MÖNIG
Unterwegs in den Pyrenäen

Ich bin mit meinem Papa in die Pyrenäen gefahren. Da waren wir auf einem ganz hohen Berg, auf dem wir zelteten. Es gab auch eine Schlucht, die »Gorsch« hieß.

Wir waren oft im eiskalten Wasser schwimmen und sind die Wasserfälle hochgeklettert.

Einmal ist mein Papa ausgerutscht und ist auf dem Popo den Wasserfall hinuntergerutscht und ich bin von einem fünf Meter hohen Felsen gesprungen.

Abends haben wir am Feuer Marshmallows geröstet. Vor dem Schlafengehen haben wir uns mit Wasserpistolen nassgespritzt.

MARIA MONNO
Unterwegs

Wir sind im Sommer nach Samos geflogen. Als wir aus dem Flugzeug stiegen, war es ziemlich warm. Dann gingen wir zum Gepäckband und haben unsere Koffer abgeholt.

Mit dem Taxi fuhren wir zu unserem Hotel. Als erstes haben wir alles in die Schränke geräumt.

Ich spielte viel mit anderen Kindern. Vormittags liefen wir immer zum Strand. Mittags kehrten wir wieder ins Hotel zurück. Im Hotel wartete eine Riesenüberraschung auf uns.

»Übermorgen feiern wir ein Oktopusfest.« Alle freuten sich. Als es endlich so weit war und alle warteten, dass der Oktopus erscheinen sollte, da habe ich die Lili kennengelernt. Sie zeigte mir ihr Zimmer und ihre Katze. Das machte mir viel Spaß.

Einmal besuchten wir ein ganz bestimmtes Restaurant. Auf einmal guckten alle zu den Bergen.

Der Kellner erklärte uns, dass es auf den Bergen jedes Jahr wegen der Hitze brannte. Wir blickten auch zu den Bergen. Alles war rot.

Am nächsten Tag sind wir wie immer zum Strand gelaufen.

Als wir endlich angekommen waren, kam der Rauch runter. Alle Hubschrauber kamen der Reihe nach und tankten Wasser mit kleinen Eimern und flogen wieder zurück. Dann gingen wir wieder zum Hotel. Am nächsten Tag wollte mein Papa beim Löschen mithelfen. Wir sagten: »Wir gehen alleine essen.«

Nach dem halben Weg trafen wir Papa wieder.

Er sagte: »Wir konnten nichts machen.«

Wir gingen also zusammen essen. Im Restaurant waren zwei Mädchen, die gingen Steine fletschen. Sofort kamen sie wieder und schrieen: »Jetzt brennen die ganzen Berge.«

Wir rannten ins Hotel. In dieser Nacht musste ich nicht ins Bett. Etwas später kamen Busse und eine Nachricht wurde gemeldet, alle müssen in die Stadt fahren. Das war schrecklich.

Als wir endlich dort angekommen waren, gab es kein Hotel mehr. Wir mussten überall fragen, aber nirgendwo war ein Zimmer frei. Endlich fanden wir eins.

Nun konnten wir endlich schlafen.

Am nächsten Tag konnten wir wieder in unser Hotel zurück. Das Feuer war gelöscht und wir hatten noch einen schönen Urlaub.

MALTE MÜLLER
Das geborene Delfinbaby

Eines Tages sagte Mama: »Wollen wir am Wochenende einen Ausflug in den Zoo machen? Dort ist ein Delfinbaby geboren!«
»Au fein«, rief ich und machte einen Freudensprung.
»Kann Tobias mitkommen?«, fragte ich.
Ich rief sofort bei ihm an und seine Mutter erlaubte es.
Und am Sonntag fuhren wir alle in den Zoo. Im Auto waren wir so aufgeregt, dass wir pausenlos quasselten.
Tobias fragte: »Gibt es dort auch Löwen?«
»Na klar!«, antwortete Arne. »Da gibt es auch zwei Wale!«
Endlich sagte Papa: »Wir sind da! Alles aussteigen.«
»Ich will zuerst zu den Walen«, quengelte ich.
Ein Wal hatte an dem Tag keine Lust, bei der Vorstellung mitzumachen. Das war lustig, denn er schnappte immer nur die Fische weg und gehorchte nicht.
»So ein Faulsack«, sagte Arne.
Danach ging es zu den Delfinen! Wir sahen das Delfinbaby sofort, es schwamm dicht bei seiner Mama. Ein anderer bespritzte uns mit Wasser.
»Schau dir diesen Frechdachs an!«, sagte ich zu Tobias.
Der war schon weitergegangen. »So schön möchte ich auch schwimmen können«, antwortete er mir.
Nach der Vorstellung guckten wir uns noch einmal das Delfinbaby an und die anderen Tiere.
»Das Schönste aber waren der freche Wal und das Delfinbaby«, sagte ich auf der Rückfahrt.

MIRIAM MÜLLER
Ein ekliges Gefühl

Als ich noch sieben Jahre alt war, da bin ich mit meiner Familie nach Spanien gefahren. Wir sind oft zum Strand gegangen.

Einmal, da hatte ich so ein komisches Gefühl auf meinem Kopf, so ein ekliges.

Also fragte ich meine Mutter, ob da irgendetwas auf meinem Kopf ist.

Meine Mutter guckte und rief dann: »Iiiih!!!«

Ich habe dann auch geschrieen.

Ich fragte meine Mutter: »Was ist denn da?«

»Da hat du einen riesigen Vogelschiss.«

Dann lachten wir beide, denn sie sagte: »Ob der wohl Glück bringt?«

Dann sind wir beide ins Wasser gegangen und meine Mutter hat mir den Möwenschiss aus den Haaren gewaschen und dann haben wir uns anschließend ein Eis geholt.

Ich hatte natürlich ein größeres.

Es war dann noch ein schöner Tag.

TIM MÜLLER
Unterwegs im Weltall

Meine weiteste Reise war ins Weltall. Ich startete von einem Weltraum-Bahnhof.

Mit dem Raumschiff sauste ich ich mit hoher Geschwindigkeit durch die Milchstraße. Unterwegs habe ich Planeten und einen Eismeteor gesehen. Ich wurde auf meinem Sitz hin und her geschüttelt. Es war sehr aufregend.

Doch plötzlich gingen die Türen auf und ich konnte aussteigen, denn es war nur ein Flugsimulator.

JILL MÜNCH
Unterwegs auf dem Wasser

Hallo, ich heiße Jill und bin neun Jahre alt.

Jedes Jahr in den Sommerferien werde ich von Oma und Opa nach Holland eingeladen. Da verbringen wir immer eine schöne Zeit auf ihrem Segelboot. Wir haben immer echt viel Spaß zusammen. Doch letztes Jahr war es am besten.

Also, das war so:

Am Ziel angekommen, haben wir sofort die Leinen losgemacht und sind mit dem Schiff auf den See hinaus gesegelt. Hier hatten wir mindestens Windstärke 10, na ja, eigentlich war es Windstärke 3 bis 4.

Als sich der Wind so nach zwei Stunden gelegt hatte, ankerten wir in einer kleinen Schilfbucht. Opa ließ sein Surfbrett ins Wasser und los ging es auf den Indianerpfad. Opa war der graue Wolf, ich der kleine Morgenstern. Oma nannten wir Flinke Pfanne, weil sie immer für uns schnell und natürlich auch gut gekocht hat.

Unterwegs auf unserem Floß haben wir uns Indianergeschichten erzählt. Es war alles ganz schön spannend! Als wir durch einen Wasserweg paddelten, kam ein riesiges Schiff, das ganz viele Wellen verursachte.

Grauer Wolf stürzte kopfüber ins Wasser. Aber ich blieb ohne Probleme sitzen. Als er wieder auftauchte, bemerkte er, dass er sein T-Shirt versenkt hatte.

Wir haben es auch leider nicht im Wasser wiedergefunden. Dann bekamen wir aber richtig dollen Hunger. Wir paddelten zur Flinken Pfanne zurück.

Unterwegs habe ich mich aber schon auf das nächste Abenteuer gefreut.

ZENDEL MUSTAFOVSKI
Unterwegs

Ich war unterwegs, um in die Stadt zu gehen. Der Weg war sehr weit. Es hat Spaß gemacht, weil ich mit meinen Freunden Volkan, Niko und den anderen bummeln gehen wollte.

Ich suchte sehr lange, es dauerte ungefähr eine halbe Stunde, bis wir was Schönes gefunden haben. Niko kaufte ein T-Shirt und eine Hose. Es war sehr schön, alle fuhren wieder nach Hause. Niko wollte die Hose und das T-Shirt anziehen, aber es war ihm viel zu klein.

Also ging er wieder in das Geschäft zurück und suchte sich eine andere Größe aus. Da traf er wieder Volkan. Ihm waren auch die Sachen zu klein, deshalb suchten die Jungs weiter. Aber sie konnten nichts finden, deshalb haben sie einen Gutschein bekommen.

Wir waren lange unterwegs – bis 21.00 Uhr. Da haben wir unser ganzes Geld ausgegeben.

Plötzlich merkten wir, dass wir kein Rückfahrgeld übrig hatten. So mussten wir nach Hause laufen.

Erschöpft kamen wir nach Hause und haben uns schlafen gelegt.

MONA NEUHAUS
Der allerschönste Traum

Ich fliege durch die Luft. Der Wind saust mir über die Ohren. Die Luft ist so schön kalt.

Oho, was kommt denn jetzt auf mich zu? Gänse, lauter Gänse. Ich glaube, ich spinne! Nein, ich spinne nicht, die sind wirklich echt. Oh, sind die schön. Ich füttere mal die schönen Gänse.

»Kommt mit, meine schönen Gänse. Wir fliegen mal zu der Stadt da unten. Da kann ich euch was zu essen kaufen, weil ihr bestimmt wieder Hunger habt und nachher baue ich euch eine schönes Nest, für jedes Pärchen.«

»Angekommen! Jetzt kaufe ich euch was zu essen. Ich glaube der Bäcker hat was für euch. Kommt lasst uns reingehen.«

»Einmal Brotscheiben für die Gänse.«

»Danke schön«.

»So, und jetzt mache ich euch ein gemütliches Nest«.

»So, jetzt bin ich auch hier fertig.«

»Oh Mist, ich muss ja gehen, weil mich niemand sehen darf, dass ich mit einem bestimmten Spruch fliegen kann und weil meine Mutter es nicht wissen darf, dass ich weg war, also tschüs Gänse.«

»Ich besuche euch wieder, bye.«

»Jetzt muss ich aber wirklich schnellstens nach Hause fliegen.«

»Gott sei dank bin ich jetzt wieder zu Hause«.

»Jetzt muss ich schnell unter die Bettdecke, weil es schon Morgen wird«.

NIKLAS OLSCHEWSKI
Der kaputte Kühler

Letztes Jahr, im August, wollten wir mit unserem neuen Auto nach Holland fahren.

Nach drei Stunden fing der Wagen an zu qualmen. Wir hatten Angst. Nachdem der Wagen nicht mehr qualmte, fuhren wir zur Tankstelle. Dort war aber keiner, der den Wagen reparieren konnte. Mein Vater füllte Wasser nach.

Danach fuhren wir nach McDonalds und überlegten, was wir nun machen sollten. Mein Vater rief dann den ADAC an. Das Auto wurde repariert, und es kostete 200 DM.

Inzwischen war der Tag um und wir fuhren traurig langsam nach Hause.

Das war kein schöner Tag!

ESRA ÖNLÜ
Briefe an die Freundin

Ich habe einen Brief an meine Freundin geschickt. Meine Freundin hat den Brief bekommen, sie hat sich gefreut. Dann hat sie mir zurück geschrieben. Auch ich habe mich sehr gefreut.

In unserem Brief waren Geheimnisse. Meine Freundin hat unsere Geheimnisse nicht weitererzählt. Deswegen ist sie ja meine beste Freundin.

Die Briefe, die zwischen uns unterwegs sind, sind wichtig für unsere Freundschaft.

GÖKSU ORAL
Unterwegs nach Hause

Ich war mit meiner Schwester unterwegs. Da sahen wir einen kleinen Hund. Wir fragten uns, wem der Hund gehört. Der Hund trug ein Halsband, darauf stand der Name seines Besitzers.

Wir rannten mit dem Hund los und fragten in jedem Haus nach dem Besitzer.

Alle Leute sagen »Nein!«

Dann kamen wir nach Hause. Unsere Mutter erkannte den Hund sofort und sagte: »Der Kleine wohnt direkt neben uns!«

Meine Schwester und ich gaben den Hund bei unseren Nachbarn ab.

Jetzt war er endlich wieder zu Hause!

MATTHIAS OSTGATHE
Der Rucksack ist unterwegs

An einem schönen Tag in den Sommerferien sind wir mit dem Zug zum Baldeneysee gefahren.

Als wir am Bahnhof angekommen sind, sind wir am Baldeneysee spazieren gegangen.

Später wollten wir ein Picknick machen. Dann ist uns aufgefallen, daß der Rucksack weg war.

Wir haben einen Schreck bekommen. Wir sind ganz schnell zum Bahnhof gelaufen.

Papa ist in einen Zug gestiegen und ist zum Hauptbahnhof gefahren. Mama und ich sind in der Zwischenzeit auf dem Bahnsteig spazieren gegangen.

Dann ist Papa zur Information gelaufen. Zum Glück wurde der Rucksack dort abgegeben.

Zuerst hat Papa nachgeguckt, ob der Fotoapparat und unsere Essenssachen noch darin sind.

Es war alles da.

Da ist Papa mit dem Zug zurückgefahren.

Ich habe gesagt: »Papa, da bist du ja!«

Meine Mutter hat gefragt: »Ist alles noch da?«

»Na klar ist alles da!«

Wir waren erleichtert!

Anschließend sind wir zurück zum Baldeneysee gegangen. Und sind Tretboot gefahren. Auf dem Tretboot haben wir dann ein Picknick gemacht,

Abends sind wir müde nach Hause gefahren.

DANA PAASSEN
Unterwegs zum Zelten

Eine Familie hat schon lange geplant, dass sie wegfahren wollen. Die Eltern haben alles vorm Fernseher besprochen, dass sie übermorgen zum Zelten fahren.

Am nächsten Tag haben die Kinder gefragt: »Wann fahren wir zum Zelten?«

Dann haben die Eltern gesagt: »Wir fahren morgen.«

Die Kinder haben sich so gefreut, dass sie schon heute die Sachen gepackt haben. Sie sind am nächsten Tag losgefahren. Die Familie hatte das Auto voll. Die Kinder hatten auch eine Katze. Sie haben sich so gefreut, dass die Familie die Katze vergessen hat. Sie sind losgefahren.

Als sie schon auf der Autobahn waren, fragten die Kinder: »Wo ist die Katze?«

Die Eltern haben gesagt: »Wir haben sie zu Hause vergessen.«

Die Familie ist zurückgefahren, und als die Familie zu Hause war, hat das Kind gerufen: »Ich muss mal eben.«

Die Familie ist losgefahren und die Katze war mit, aber als die Familie wieder auf der Autobahn war, hat das andere Kind gejammert: »Mein Bruder ist nicht da.«

Die Familie ist zurückgefahren. Als sie zu Hause waren, lag der Junge auf der Couch und hat geweint. Die Familie ist zu dem Jungen hingerannt und das Kind hat sich erschreckt. Er wusste nicht, dass die Familie zurückgekommen war. Das Kind hat ganz laut geschrien.

Die Eltern haben zu ihm gesprochen: »Wir sind wieder da.«

Das Kind hat sich ganz doll gefreut.

Die Familie ist nie wieder weggefahren.

FABIAN PAPIEROK
Unterwegs zum Himmel

Ab und zu fuhr ich mit meiner Mama nach Essen zum Einkaufen. Immer wenn wir am Kaufhof vorbei kamen, sahen und hörten wir den Leierkastenmann. Oft blieben wir stehen und hörten ihm zu. Auf seinen Schultern saß immer ein kleines Äffchen. Das Äffchen hatte einen gestrickten Pullover an, damit es nicht friert.

Letztes Jahr kamen wir an der Stelle vorbei, aber der alte Mann war nicht da!

Ich sagte zu meiner Mama: »Sicherlich ist er jetzt in eine andere Stadt gegangen.«

Meine Mama antwortete: »Nein, Fabian, der Mann ist unterwegs zum Himmel.«

Da wusste ich, er ist gestorben. Ich werde ihn sehr vermissen.

DAVID PETER
Unterwegs zum Schwimmen

Als ich in der Schule ankam, bin ich sofort in die Klasse gegangen und habe die Tonne abgestellt. Meine Klassenkameraden und ich sind auf den Schulhof gerannt. Dort stellten wir uns in Zweiergruppen auf.

Plötzlich ging es los!

Alle gingen in den Bus, der uns zum Schwimmen fährt. Als wir drinnen waren, haben wir uns nach ganz hinten gesetzt und dann ist der Bus angefahren.

Wir winkten den Autofahrern zu: Für Mercedes gab es 30 Punkte, Ferrari 100 Punkte, für normale Autos 10 Punkte, falls zurückgewinkt wurde. Ferraris sind selten und Mercedesfahrer winken selten zurück. Als wir ankamen, hatte ich 120 Punkte gesammelt. Ich war der Beste.

SVENJA PETERSOHN
Die Reise in mein Traumland

Meine Reise begann ziemlich schön. Ich flog mit ganz vielen Luftballons mitten in der Nacht in Richtung Traumland. Ich nahm einen Kompass, mein Portmonee, ein paar Brote und einen Apfel mit. Meinen Rucksack nahm ich als Tasche mit.

Ich flog die ganze Nacht und am Morgen war ich irgendwo gelandet. Dort war es sehr kalt.

Ich guckte auf meinen Kompass, er zeigte in Richtung Norden. Vielleicht war ich am Nordpol? *Nein*, dachte ich, *sonst wäre überall Eis.*

Am Horizont sah ich einen kleinen Punkt. Der Punkt wurde größer und größer und wurde zu einem rennenden Hund. Er wollte, dass ich mit ihm komme. Wir liefen durch Wälder, Wüsten, über Berge und durch Täler.

Nach drei anstrengenden Stunden waren wir in einem griechischen Dorf angekommen. Ein alter Mann mit einem Holzstock schickte uns in eine Stadt in der Nähe. Dort fuhren wir in einer Kutsche durch die Stadt. Der Hund zeigte mir viele Kirchen, Moscheen und alte Paläste. In einem Basar fragten wir einen Händler, wo wir hier sind.

Der Mann antwortete: »Ihr seid hier im Jemen.«

Jetzt wurde uns klar, warum es auf der Wanderung immer wärmer wurde. Wir wollten zum Meer fahren, um uns abzukühlen. Der Kutscher brachte uns sofort dorthin.

Wir nahmen eine Abkühlung und warteten am Hafen auf ein Passagierschiff. Es fuhren nur zwei Schiffe am Tag nach Indien. Unser Schiff brauchte 24 Stunden, um nach Indien zu kommen. Als wir ankamen, war es bereits 18.00 Uhr.

Ein netter Mann, den wir nach einer Unterkunft fragten, brachte uns zu einem Gasthof ganz in der Nähe. Wir zahlten dort für eine Nacht und ein Essen. Nach dem Essen gingen wir sofort ins Bett, denn wir waren sehr müde.

Am nächsten Morgen wachte ich zu Hause in meinem Bett auf. Ich ging, wie immer samstags, Brötchen kaufen. Dabei bemerkte ich, dass in meinem Portmonee fünfzig indische Rupien lagen. Wie seltsam!

ISABEL PILZ
Der furchtbar lange Stau

Als wir in den Sommerferien nach Italien fuhren, hatten wir auf der Autobahn plötzlich einen furchtbar langen Stau. Im Radio hörten wir, dass ein Geisterfahrer an dem langen Stau Schuld war.

Mein Vater war sauer und da wir standen und keinen Millimeter vorwärts kamen, ließ er erst mal unseren Hund raus.

Mir war langweilig.

Plötzlich passierte etwas Tolles. Zirkusleute, die auch im Stau standen, machten lauter Kunststücke auf der Autobahn. Alle Leute schauten zu und klatschten.

Bald löste sich der Stau wieder auf. Wir kamen noch am selben Tag in Italien an.

CAROLIN POMMERANZ
Die Zeitmaschine

Als an einem schönen sonnigen Morgen Florian aus dem Fenster schaute, sah er sein Meerschweinchen Cony.

Doch dann schaute er auf den Wecker »Mist, schon so spät«, ärgerte er sich und rannte in die Küche.

Florian schnappte sich einen Toast, seinen Ranzen und rannte in die Schule. Er kam gerade noch richtig zu seiner AG: dem Erfinderclub. Es war sein Lieblingsfach. Doch die Kinder bekamen eine Hausaufgabe, etwas zu bauen.

Florian fragte seine Freundin Katja: »Können wir nicht zusammen etwas bauen?«

»Klaro«, rief Katja, »heute bei dir um drei, o.k.?«

»Ja, bis später«, antwortete Florian. Als die Schule vorbei war, ging Florian ganz langsam nach Hause. Er überlegte, was man so bauen könnte: Vielleicht einen Roboter, der das Zimmer aufräumt? Oder ein Männchen, das sich mit einem unterhält?

»Ich weiß es nicht«, murmelte er.

Als Florian endlich zu Hause ankam, Mittag gegessen und andere Hausaufgaben erledigt hatte, war Katja vor der Tür.

»Hi Florian, ich habe eine Idee was wir bauen könnten, eine Zeitmaschine«, meinte Katja.

»Super«, freute sich Florian.

Sofort holten sie Bretter, Stifte, alte Blechdosen und ein Seil. Sie fingen also an zu bauen.

»Die wird nie richtig funktionieren«, meinte Katja betrübt.

»Soll sie ja auch gar nicht«, sagte Florian, »Herr Hartmann (ist der Lehrer von der AG) will ja nur, dass wir irgendwas bauen.«

»Aber ausprobieren können wir sie ja trotzdem«, fügte Florian hinzu.

Nach so ungefähr einer halben Stunde waren sie fertig.

»Jetzt musst du nur noch einen Hocker zum Sitzen holen«, sagte Katja.

»Mach ich«, und Florian lief ins Haus und kam mit dem Badezimmerhocker und seinem Wecker wieder heraus.

»Wofür ist der Wecker?«, wollte Katja wissen.

»Ja, für die Zeit«, meinte Florian, »sonst ist es keine Zeitmaschine.«

Als schließlich der Hocker und der Wecker in der Maschine waren, sagte Katja: »Wer testet die Maschine?«

»Ich«, meinte Florian.

»Nein, ich«, meinte Katja.

Doch sie kamen zu einer Lösung. Beide testeten die Maschine. Sie drückten auf eine Blechdose und hoben von der Erde ab.

»Ach du meine Güte«, rief Florian, »die funktioniert ja wirklich!«

»Oje, jetzt werden wir unsere Eltern nie wiedersehen«, sagte Katja.

Auf einmal öffnete sich die Maschine, und der Wecker gab nicht die Uhrzeit sondern das Jahr, in dem sie waren, an.

»Was? Wir sind jetzt zwanzig Jahre vor Christus?«, rief Katja.

»Anscheinend ja«, antwortete Florian, »und mitten im Urwald.«

»Wie kommen wir hier wieder weg?«, fragte Katja.

»Ganz einfach, drück, wenn du bereit bis auf die Blechdose ganz links«, sagte Florian.

»Hier sind vier Dosen ganz links!«, rief Katja verzweifelt.

»Lass mal sehen«, antwortete Florian überlegend. »Es müsste die hier sein.«

Er drückte mit aller Kraft auf die Dose, und sie landeten im Jahre 1500 nach Christus.

»Hier sieht's so aus wie im Wilden Westen«, meinte Katja.

»Lass uns mal schauen, wie es drinnen aussieht«, sagte Florian.

Plötzlich kam ein Bison angelaufen. Florian und Katja rannten, bis sie sich schließlich in eine Bar retten konnten. Dort sah wirklich alles wie im Wilden Westen aus.

Als das Bison verschwunden war, stiegen sie wieder in die

Zeitmaschine und Katja sagte: »Hoffentlich kommen wir diesmal zu Hause an.«

Und siehe da, sie waren wieder im Garten von Florian. Seine Eltern kamen ganz schnell angelaufen und fragten: »Wo wart Ihr denn?« und Katja und Florian erzählten…

PAUL YANNIK POPESCU
Die Fahrt nach Frankreich

In den Herbstferien sind wir nach Südfrankreich gefahren. Die Fahrt war sehr lang, aber ich habe Gameboy gespielt, habe Musik gehört und Rätsel gelöst. Durch das Fenster sah ich schöne Felder und Wiesen mit Pferden, Kühen und Schafen.

Auf der Fahrt kam ein wilder Regensturm und ich dachte, dass wir mit einem anderen Auto zusammenstoßen. Es ist aber zum Glück nicht passiert, aber so habe ich gelernt, dass im Süden Frankreichs im Herbst und im Frühling der Mistralwind kommen kann. Das ist ein Wind, der aus Afrika kommt und sehr stark ist.

Wir hatten es dann gar nicht mehr so weit bis zu unserem Haus. An einer Ampel mussten wir stark bremsen, weil sie rot wurde. Ein LKW, der hinter uns war, konnte nicht mehr schnell genug bremsen und fuhr in uns rein. Wir blieben zum Glück unverletzt, aber unser Auto hat große Beulen abbekommen.

Und dieses Mal hatte der Mistralwind daran keine Schuld.

RICHARD RAABE
Ein Ausflug in die Vergangenheit

Vor zwei Jahren habe ich mit meinen Freunden meinen Geburtstag im alten Rom gefeiert und davon will ich euch erzählen.

Ich freute mich sehr, dass meine Freunde zu meiner Geburtstagsfeier kamen. Ich hatte 15 Kinder eingeladen.

»Wann kommen denn meine Freunde endlich?« fragte ich meine Mutter.

»In einer Stunde«, antwortete sie mir.

Ich konnte es nicht mehr erwarten. Endlich klingelte es an der Tür. Es waren meine Freunde.

»Sind alle Kinder da?«, fragte mein Vater.

»Ja!« antworteten wir.

Vor unserem Haus wartete ein Bus auf uns. Alle gingen raus.

»Alle in einer Reihe aufstellen und nacheinander einsteigen!« rief mein Vater und wir stiegen in den Bus.

Meine Freunde fragten: »Wo fahren wir eigentlich hin?«.

»Ich gebe euch nur einen Tipp. Es geht in die Vergangenheit«, antwortete ich.

Dann fuhren wir los und alle waren sehr gespannt, wohin die Fahrt gehen würde.

Nach einer Stunde erreichten wir unser Ziel. Xanten, eine alte Römerstadt, erwartete uns. Meine Freunde starrten auf die alten Mauern und Türme und staunten sehr. Alle waren hin und weg. Am Eingang wartete eine Frau, die uns durch die Reise in die Vergangenheit begleitete.

Zuerst gingen wir in ein Restaurant, wo wir uns als Römer anziehen durften. Als wir uns umgezogen hatten, sahen wir aus wie echte Römer. Einige von uns trugen kurze Gewänder. Das trugen früher die Sklaven. Alle, die lange Gewänder trugen, waren reiche Römer.

Dann begann die Führung. Zuerst sahen wir uns die Toiletten an. Damals saßen alle in einer Reihe nebeneinander auf der

Toilette, egal ob Mann oder Frau. Durch das ganze Dorf floss Wasser. Auch durch die Toilette und es war immer sofort sauber. Die Toilette war auch ein Treffpunkt für alle und man unterhielt sich dort und machte Geschäfte. Neben der Toilette war auch das Badehaus.

Danach gingen wir in die Arena. Dort wurden früher Gladiatorenkämpfe durchgeführt. Zuerst sahen wir uns die Löwenkäfige an. Sie waren im Keller rund um die Arena gebaut und es war sehr dunkel und gruselig. Dort lebten auch die Gladiatoren.

Vor der Arena stand ein alter Kran. Damit wurden die großen Steine aufeinander gestapelt.

Nach der Arena gingen wir in eine Werkstatt. Hier zeigte man uns, wie man Wachstafeln herstellte. Jeder von uns durfte sich eine Tafel basteln und mitnehmen. In einer anderen Werkstatt lernten wir, wie die Römer Schmuck herstellten und wie man ihn trug.

Auf unserer Tour besichtigten wir noch einen Tempel und die Mauern mit den Wachtürmen.

Nach dem Essen im Restaurant durften wir auf dem großen Abenteuerspielplatz spielen. Das hat sehr viel Spaß gemacht.

Leider ging die Zeit zu schnell um und wir mußten wieder nach Hause fahren. Auf dem Nachhauseweg bekamen wir alle eine Überraschung von meinen Eltern geschenkt. Meine Freunde und ich haben noch lange über unsere Reise in die Vergangenheit gesprochen.

JOHANNA RATH
Unterwegs am Strand

Im Sommer habe ich mit meiner Freundin Pina eine Strandwanderung gemacht. Es war ganz früh morgens und noch kein Mensch unterwegs. An einem Priel blieben wir stehen, weil Pina gesagt hatte: »Guck mal da sind sechs Garnelen!« Und etwas weiter weg waren zwei Babyschollen.

Dann gingen wir weiter. Dort sahen wir, was das Meer alles angespült hatte. Es war ein zerrissenes Fischernetz, einige Muscheln, die zum Teil sehr schön waren.

Pina und ich sammelten ein paar Muscheln auf und gingen weiter. Dahinten sah ich eine Flasche.

Ich sagte zu Pina: »Komm schnell, da hinten ist eine Flaschenpost«.

Pina und ich rannten zur Flasche.

Dann sagte ich: »Du darfst sie öffnen!«

Pina öffnete sofort die Flasche und tatsächlich war es eine Flaschenpost.

Ich las den Zettel vor, worauf geschrieben stand: »Wer diese Flaschenpost findet, hat einen Wunsch frei.«

Pina und ich wünschten uns was und gingen weiter. So langsam wurde die Sonne heißer, aber es machte uns so viel Spaß, dass wir weiter gingen.

Auf einmal sagte ich: »Pina komm mal schnell, ich habe einen Haifischzahn gefunden!«

Pina kam angerannt. Sie guckte sich den Zahn an und staunte dabei. Ich steckte den Zahn als Glücksbringer ein und dann gingen wir zu unserem Strand zurück, wo unsere Mütter auf uns warteten.

Zusammen gingen wir in die Strandbar, aßen alle ein Eis und wir erzählten von unseren Erlebnissen unterwegs.

CARINA RATZKOWSKI
Schöne Wochenenden in Holland

Meine Familie und ich fahren sehr oft nach Holland – fast jedes Wochenende. Da haben wir ein Mobilheim auf einem Bauernhof stehen. Dort ist es sehr schön. Der Bauer und die Bäuerin sind sehr nett. Auf dem Hof gibt es vier Hunde, die heißen: Daisy, Jolly, Hekko und Ogy. Sie sind sehr lieb. Hier gibt es viel zu erleben.

Morgens und abends werden die Kühe gemolken. Dabei darf ich immer helfen. Als ich einmal aus dem Kuhstall gehen wollte, bin ich in die Kuhscheiße gefallen. Da habe ich ganz schön gestunken.

Nach dem Melken werden die großen Kühe gefüttert. Der Bauer und ich fahren mit dem Trecker Mais und Heu in den Stall. Dann füttere ich die Kälbchen mit der Milchflasche.

Bei dem Bauernhof ist auch ein See. Im Sommer kann man da schwimmen, surfen, tauchen, Boot fahren und angeln, im Winter sogar Schlittschuh fahren.

Im Sommer gehe ich mit meinem Opa angeln. Einmal war ich alleine, da hatte ich einen Hecht an der Angel. Leider habe ich ihn nicht aus dem Wasser bekommen. Er ging mir vorher vom Haken ab.

Jeden Morgen zwitschern die Vögel sehr schön und die Tauben auf dem Dach vom Mobilheim machen uns wach.

In den Städten kann man gut einkaufen. In Doesburg gibt es leckeres Eis mit Liebesperlen. In Dieren ist ein schöner Spielzeugladen, in dem wir immer sehr viel Geld loswerden.

Holland ist das Land der Fahrräder. Alle Menschen in Holland haben eines. Da gibt es viele Fahrradwege.

In Holland ist es sehr schön. Ich bin immer traurig, wenn wir wieder nach Hause fahren müssen, weil das Wochenende dann um ist.

MIRCA RAUSCH
Ich wachse

Als ich sieben Jahre alt war, war ich unterwegs zu wachsen. Das tat ein bisschen weh. Da konnte ich gar nicht schlafen. Sofort habe ich es meiner Mama erzählt.

Da sagte meine Mama, du wächst.

Ach so, jetzt weiß ich es, und sofort bin ich weiter gewachsen.

MADLEN RÖSCH
Gipfelstürmer

Hallo, ich heiße Madlen und bin neun Jahre alt. Fast jedes Jahr fahren meine Familie und ich in die Berge. Schon als kleines Kind bin ich immer tüchtig mitgelaufen. Dieses Jahr hatten wir uns für die Schweiz entschieden. Für den Ort Zermatt, der liegt an der Grenze Italiens.

Leider war die Fahrt mit dem Zug dorthin sehr lang und langweilig, aber es gab immer etwas Schönes zu sehen. Als wir endlich angekommen waren, packten wir erst einmal die Koffer aus und schauten uns in der Ferienwohnung etwas um. Am Abend machten wir einen Spaziergang durch den Ort. Von dort aus konnte man gut das Matterhorn sehen. Das ist der bekannteste und beliebteste Berg in der Umgebung.

Wir machten schöne Wanderungen und Klettertouren. Aber eins muss ich euch sagen, in diesem Örtchen habe ich meinen Wanderrekord gemacht. Ich und natürlich auch meine Familie fuhren mit der Gondelbahn bis aufs kleine Matterhorn. Dort oben war es ungefähr −5 °C. Wir hatten einen sehr schlechten Tag erwischt, denn es schneite wie aus Eimern. Aber ich ließ mich nicht davon abbringen oben zu bleiben. Und nach einer heißen Tasse Kakao versuchten wir dann doch unser Glück und wanderten los.

Ich will es jetzt nur kurz fassen. Ich habe es noch geschafft, auf 4 100 m zu kommen, die letzten 64 m habe ich nicht mehr mithalten können. Aber der Rückweg war nur noch halb so schlimm. Jedenfalls war ich ziemlich stolz auf mich!

MIRIAM ROSSDEUTSCHER
Der Ausflug

Eines Tages weckten meine Eltern mich mit einem leckeren Frühstück am Bett. Ich frühstückte und fragte dann, warum ich denn Frühstück ans Bett bekommen habe.

Mama sagte: »Wir machen eine Ausflug mit dem Fahrrad und eine Übernachtung am Blauen See.«

Ich dachte: *Das wird bestimmt schön.*

Wir packten unser Zelt, die Schlafsäcke und den Picknickkorb ein. Die Fahrräder wurden aus der Garage geholt, dann luden wir das Gepäck auf und setzten den Helm auf. Die Fahrt konnte losgehen.

Wir fuhren durch Wiesen, Felder und Wälder, bis wir endlich am Blauen See ankamen.

Die Sonne schien warm und als wir das Zelt aufgebaut hatten, zogen wir die Badesachen an und sprangen in den kühlen See.

Plötzlich hörten wir Geräusche aus dem Wald. Erschrocken und ein bisschen ängstlich gingen wir aus dem See. Wir drei stellten uns ganz eng aneinander und lauschten, was es sein könnte.

Da kam ein Reh aus dem Wald.

Wir waren vielleicht erleichtert.

Langsam wurde es Abend und wir ließen uns den Salat und die Brötchen schmecken. Anschließend fiel ich vor Müdigkeit in meinen Schlafsack. Am nächsten Morgen wachten wir früh auf, denn wir wollten nach Hause fahren.

DINAH ROTHENBERG
Am Strand

Ich fahre fast jede Ferien mit meiner Familie nach Holland.

An einem Morgen fragten wir uns, was wir an diesem schönen Sommertag machen sollten. Alex, mein Bruder, schlug vor, eine Fahrradtour zu machen. Lenny, mein zweiter Bruder, war wie immer dagegen. Er maulte, weil er seit zwei Wochen ein neues Fahrrad haben wollte. Deshalb verachtete er sein altes. Mein Vater meckerte ihn wie gewohnt an. Er hatte Lenny auf dem Flohmarkt ein Fahrrad kaufen wollen, aber der ist nun mal sehr wählerisch. Diesmal passte Lenny die Farbe nicht. Jetzt hatte Alex die Nase voll. Bevor es zum großen Streit kam, schlug meine Mutter vor, einen großen Picknickkorb zu packen und eine lange Strandwanderung zu unternehmen.

Dieser Vorschlag wurde angenommen, vor allem wegen der vielen süßen Sachen, die meine Mutter immer in den Korb packt. Mein Vater packte den Korb und los ging die Wanderung.

Unterwegs trafen wir eine Familie, die auch am Strand entlang nach Breskens laufen wollte. Mit denen liefen wir dann zusammen. Breskens ist eine schöne Hafenstadt. Nach etwa vier Kilometern und drei Picknickpausen war alles Maoam aufgegessen und die ersten Klagen über müde Beine kamen. Als dann die ersten Wolken sich vor die Sonne schoben, wurden die Beschwerden lauter. Mein Vater machte wie immer einen Spaß und sagte, er habe sein Auto leider nicht in der Hosentasche. Solche Späße wollten wir Kinder aber nicht hören. Als wir dann mit letzter Kraft in Breskens ankamen, brach ein fürchterliches Gewitter aus. Auch die leckeren Pommes konnten unsere Laune nicht verbessern. Für uns war es unvorstellbar, diesen weiten Weg durch den Regen zurück zu gehen. Wir maulten so lange, auch einige kleine Tränen waren nötig, bis die beiden Mütter sich erbarmten und den langen Weg zu Fuß zurücklegen wollten, um unser Auto zu holen.

Als sie gerade weg waren, kam die Sonne wieder hervor. Wir beschlossen jetzt doch ihnen schon mal entgegenzugehen. Es wurde ein langer Weg, denn die beiden Mütter hatten sich etwas verlaufen.

Ungefähr zwei Kilometer vor unserem Campingplatz fielen wir ermattet und halb verdurstet in die Wiese. Nach weiteren zehn Minuten erlösten uns unsere Mütter aus dieser Notlage.

Meine Brüder machten den ganzen Tag ein Gesicht, das bedeuten sollte, dass sie nie mehr in ihrem Leben eine solch lange Wanderung unternehmen würden.

NELE SASSE
Auf dem Weg zur Schule

Als ich gestern zur Schule gehen wollte, hat es geregnet. Ich nahm Papas Regenschirm und ging los. Ein paar Meter vom Haus entfernt machte es *Plop* und ich konnte nichts mehr sehen, weil der Regenschirm zusammengeklappt war und ich war darunter.

Ich lief und lief und lief gegen die Hauswand. Auf einmal zog mir jemand den Regenschirm ab.

Ich bedankte mich und lief zur Schule. Deswegen bin ich heute zu spät gekommen.

FATIH SATICI
Unterwegs-Geschichte

Ich legte mich auf der Wiese hin und guckte die schönen Wolken an. Eine sah aus wie eine Maus und eine wie ein Hund.

Vor mir hatte ich eine schöne Rose gesehen. Sie war ganz rot. Ich nahm sie und ging weiter in den Wald.

Ich hörte einen Piepmatz und ich sah eine Katze, eine ganz süße Katze. Ich wollte sie anfassen, aber sie lief weg.

Auf einmal traf ich Christian und wir spielten zusammen. Ich war sehr glücklich, dass er mit mir spielte.

Danach sind Christian und ich nach Hause gegangen.

ELENA SCHMITZ
Brand auf Samos

So ungefähr vor einem halben Jahr war ich auf Samos und dort hat es gebrannt.

Also: Wir hatten vier schöne Tage dort und dann geschah es! Im Wald in den Bergen war ein Feuer ausgebrochen. Wir dachten, es würde gelöscht, das war aber falsch.

Am Tag danach ging mein Vater wandern.

Als er zurück kam sagte er: »Ich habe ein total altes Feuerwehrauto gesehen, auf dem stand *Freiwillige Feuerwehr Wuppertal*.«

Bald schon flogen Hubschrauber mit Wasser zu diesem Berg.

Aus war es mit den schönen Tagen. Meine Mutter fing an sich Sorgen zu machen und packte vorsichtshalber schon mal die Koffer. Immer wieder schauten wir nach dem Feuer und hatten keine ruhige Minute mehr.

Sonntagnacht weckte mich meine Mutter, denn das Feuer war über den Berg gekommen. Wir nahmen schnell unsere Koffer. Die mussten wir auf ein Auto schmeißen, das hinten offen war. Dann mussten wir schnell zu den Bussen laufen. Die brachten uns dann nach Samos-Stadt. Und dort mussten wir dann am Wasser zweieinhalb Stunden warten, bis sie uns ein neues Hotel gaben.

Das lag aber auf der anderen Seite des Berges. Da wollten wir aber überhaupt nicht hin, denn da konnte das Feuer ja auch schnell hin. Also gaben sie uns wieder ein anderes Hotel, jetzt in Samos-Stadt. Am nächsten Tag holten wir unsere Koffer ab.

Und dann, zwei Tage später sind wir wieder nach Hause geflogen. Da war ich ganz schön traurig!

Aber ich bin mir sicher, dass ich noch einmal dort hinreisen werde.

Weil die Menschen dort so freundlich sind und weil viele ihr Zuhause verloren haben.

THOMAS SCHNEIDER
Unterwegs

Man ist unterwegs, wenn man zum Beispiel im Urlaub, bei einem Spaziergang, zur Arbeit oder zur Schule geht.

Man kann auch auf mehrere Arten unterwegs sein. Mit dem Auto, zu Fuß, mit dem Fahrrad oder mit dem Schiff und dem Flugzeug.

Unterwegs sein kann Spaß machen, wenn man vielleicht im Urlaub ist oder einen Spaziergang macht.

Aber unterwegs sein, kann auch langweilig oder traurig sein. Vielleicht bei einer Beerdigung oder einer langen Autofahrt.

Es gibt zum Beispiel Leute, die immer unterwegs sind, weil sie kein Zuhause haben.

Unterwegs sein heißt in Bewegung sein.

Wenn man unterwegs ist, kann man viele neue Dinge entdecken und Abenteuer erleben. Man trifft neue Leute und kann andere Lebensgewohnheiten kennen lernen.

KONSTANTIN SCHRÖTER
Die Vorbereitung

Ich fahre jedes Jahr mit meinem Papa nach Texel. Doch vor einem habe ich immer Angst: die Vorbereitung.

Die Vorbereitung ist schrecklich. Unser Auto ist immer zu klein für die vielen Sachen. Nachdem Gaskocher, Kühlschrank, Schlafsäcke und Rucksäcke verpackt sind, kommt das Schwierigste: das Zelt.

Es ist ein Geschiebe und Gedrücke. Mein Papa flucht, was das Zeug hält.

Ich renne dann immer schnell zu unseren Nachbarn. Doch schließlich ist doch alles verstaut und wir fahren los.

Mein Vater ist immer noch sauer und raucht sich erst mal eine. Dann fahren wir los und es wird wie immer ein schöner Urlaub.

SEBASTIAN SCHULZ
Der Teddy macht Unfug

Max hatte einen Teddy, der einmal mitten in der Nacht sprechen und Auto fahren konnte. Er kam aus der Spielzeugkiste geklettert und holte sich den Gummihammer, der auch in der Kiste lag. Damit haute er das Auto aus dem Kinderkarussell. Jetzt ging die Reise los.

Er stieg in das Auto und fuhr in die Küche. Auf dem Küchentisch stand noch von Omas Geburtstag das Silbertablett mit Omas wertvollen Kaffeetassen. Teddy kam mit voller Geschwindigkeit in die Küche gesaust. Vor dem Stuhl konnte er nicht rechtzeitig bremsen und fuhr mit voller Wucht gegen das Stuhlbein.

Der Stuhl kippte um und riss das Silbertablett mit. Die große Kaffeekanne fiel dem Teddy auf den Kopf. Er bekam eine riesengroße Beule.

»Was für ein Mist! Da steht der Tisch einfach hier im Weg!«, schimpfte der Teddy.

Um ihn herum lagen überall Scherben. Er fuhr rückwärts und direkt zur Küchentür wieder heraus. Als nächstes fuhr er gegen das Regal im Badezimmer. Alles was darin stand, purzelte herunter. Dem Teddy fiel wieder etwas auf den Kopf. Diesmal war der Teddy sehr sauer. Er schimpfte wieder los. Die Beule am Kopf tat ihm so weh, dass er nicht mehr Auto fahren konnte. Deshalb setzte er sich auf den Boden und hielt sich den Kopf. Dabei verwandelte er sich wieder in einen echten Teddy.

Am nächsten Morgen entdeckte Mutter das Chaos in der Küche und im Badezimmer.

»Max!«, rief die Mutter aufgeregt. »Wer war das? Hast du das Chaos hier angerichtet?«

Max wusste nicht, was die Mutter meinte. Er hatte die ganze Nacht friedlich geschlafen. Max fand seinen Teddy im Badezimmer. Er wusste genau, dass er ihn gestern beim Aufräumen in die Kiste gelegt hatte.

Max nahm den Teddy in die Hand und entdeckte die große Beule.

Er sagte: »Ich glaube, der Teddy ist verantwortlich. Ich war es jedenfalls nicht.«

Die Mutter glaubt ihm bis heute noch nicht.

LIA-MALEEN SCHULZE
Mein Geburtstag mit der Kuh

Heute ist mein Geburtstag. Ich war ganz aufgeregt und wartete draußen vor der Tür. Vater und Mutter waren dabei, mein Geschenk fertig zu machen. Ich wurde immer ungeduldiger, und als ich an der Grenze war auszurasten, drückte mein Vater die Klinke runter und öffnete die Tür. Fast hätte ich zu weinen angefangen, da standen zwei Rucksäcke, ein großer, ein kleiner und zwei Paar Wanderschuhe.

Die größeren Sachen waren für Papa.

»Aber das ist längst nicht alles!«, rief meine Mutter.

»Wir beide machen eine Wanderung. Es geht gleich los«, sagte Vater.

Mutter packte Sachen, die man brauchte, ein und wir wanderten los.

»Lass uns ein Lied singen«, schlug Vater vor.

»Ich kann nicht«, flüsterte ich. »Mir steckt ein Kloß im Hals«.

»Das kenn ich, das ist Heimweh«, sagte Vater.

Allmählich dämmerte es und wir kamen an eine Raststätte, wo wir aßen und schliefen.

Am nächsten Tag ging es zurück. Es regnete. Vater machte einen kleinen Umweg. Langsam kam die Sonne wieder. An einem guten Platz spannten wir ein Zelt und legten unsere Sachen in die Sonne zum Trocknen. In der Nähe war ein Bach, wo man gut spielen konnte.

Als ich mich anziehen wollte, erschrak ich: eine Kuh (hinter einem kleinem Zaun) hatte meine Anziehsachen aufgefuttert und die von meinem Vater natürlich auch. Ich rief verärgert: »Du blöde Kuh, gib meine Sachen wieder her!«

Genau in diesem Augenblick machte es *Flatsch*. Die Kuh hatte einen riesengroßen Fladen vor mir gemacht. Sie hatte mir den Rücken zugedreht, einfach losgestänkert und jetzt war sie wieder auf ihrer Weide und fraß ordentlich Gras.

Ich war froh, dass mein Vater noch frische Sachen eingepackt hatte. Wir räumten unseren Kram ein und fuhren mit dem Bus nach Hause. Meine Mama freute sich, dass wir gesund und heil wiederkamen.

Am Abend erzählte ich Mutter mein Erlebnis, und sie lachte sich halb tot, als sie die Geschichte von der Kuh hörte.

ANNA-MAGDALENA SCHUSTER
Fleki reißt aus

Eines morgens hatte meine Besitzerin den Käfig offen gelassen. Dies nutzte ich natürlich aus.

Ich nahm einen riesigen Anlauf, mindestens 1000 m, und lief und lief und lief. Plötzlich sprang ich im hohen Bogen und schwups war ich draußen.

Ich freute mich über diesen gelungenen Sprung und rannte wild umher. Da sah ich ein komisches Ding und im gleichen Augenblick hörte ich die Stimme meiner Besitzerin. Sie kam näher und näher. Ich lauschte alles mit, denn Hasen sind berühmt für ihr gutes Gehör.

»Oh, Schreck!«, da stand meine Besitzerin fast vor mir.

Ich lief, so schnell ich konnte, und schlug einen großen Haken um die Ecke. Jetzt stand ich in einem großen Raum. Ich glaube, die Riesen nannten diesen Wohnzimmer. Oh, da stand etwas Seltsames im Raum. Ich stellte mich auf die Hinterpfoten, doch da verlor ich das Gleichgewicht und kippte nach vorne. Dieses Ding fing an zu wackeln und fiel schließlich klirrend zu Boden.

Sofort kam meine Besitzerin und ich rannte weg.

»Oh je, die schöne Vase. Na ja, das macht nichts, so etwas hält nicht für immer.«

»Puh, sie ist weggegangen.«

Ich hoppelte noch einmal zu den Scherben und sah mir die Bescherung an. Dann setzte ich meinen Weg fort. Ich beschleunigte und bog um die nächste Ecke und konnte leider nicht mehr bremsen. Zu spät, ich flog die Treppe hinunter.

»Aua, das tat weh!«

Ich landete im Flur. Da hörte ich ein unbekanntes Geräusch und lief ihm entgegen. Auf meinem Weg kam ich der Küchentür sehr nahe. Das Geräusch wurde immer lauter.

Nur schnell weg hier, dachte ich und rannte wieder zurück zur Treppe.

»Oh nein, wie soll ich bloß hier wieder rauf kommen? Ich hab's! Eine Stufe nach der anderen vorsichtig hochspringen. Puh, ist das anstrengend. Endlich oben! Nur schnell in den Käfig zurück und alle viere von mir strecken.«

Als der Käfig endlich in Sicht war, nahm ich noch einmal Anlauf und sprang hinein. Ich legte mich gemütlich in eine Ecke, schloss die Augen und träumte von meiner Abenteuerreise.

»Gute Nacht!«

CAROLINE SCHWINNING
Die Rakete!

Einmal ging Lisa in die Garage von ihrem Vater. Lisa schaute sich um. Alles war normal wie immer. Doch da links stand eine Rakete. Sie war weiß, silber und riesengroß.

Lisa ging vorsichtig auf sie zu. Da öffnete sich eine Tür. Lisa ging vorsichtig hinein.

Kaum war sie drinnen, da flog sie auf einen Sitz. Vor ihr war Glas, so dass sie alles sehen konnte. Lisa versuchte sich zu befreien.

Aber dabei kam sie mit dem Ellbogen auf einen roten Knopf. Auf einmal flog die Rakete hoch.

Lisa schrie: »Hiiiilfe!«

Plötzlich hörte Lisa eine seltsame Stimme: »Hallo Lisa, du fliegst jetzt in die Zukunft. Jetzt siehst du alles, was auf dich zukommt.«

Lisa sah schöne Sachen. Aber auch schlechte Sachen.

Lisas Rakete blieb ihr größtes Geheimnis.

BILAL SEMMO
Unterwegs

Morgens bin ich unterwegs zur Schule. Ich gehe mit meinen Freunden oder mit meinen beiden Schwestern. Wir unterhalten uns miteinander. Manchmal spielen wir Fangen, das macht sehr viel Spaß.

Wenn ich an der Schule angekommen bin, treffe ich Sebastian und Dustin. Dustin hat immer einen Basketball dabei. Manchmal gehe ich auch mit Massi oder mit Mahoned zur Schule.

Mit allen beiden ist das Unterwegssein nicht so langweilig.

DAVID SEVERIN
Unterwegs im Leben

In bin unterwegs in meinem Leben und noch ziemlich am Anfang von meiner Reise.

Ich bin erst acht Jahre alt, aber bisher war die Fahrt schon sehr abwechslungsreich, wie auf einer Achterbahn: hoch und runter, ruckelig, rechts, links, und auch mal ein Looping, immer mit viel Schwung. Schon bei meiner Geburt habe ich schrill und laut geschrieen!

Die Fahrt ging fröhlich immer weiter, bis der große Tunnel meines Lebens kam: die Schule. Dort ist die Reise anstrengend und glatt wie auf einer Eisbahn. Ich ziehe Helm und Schutzkleidung an, dann geht es besser.

Aber oft brauche ich sie nicht. Wenn ich faulenzen kann, Trampolin springe oder Geige spiele, dann scheint die Sonne auf meiner Reise.

Ich weiß noch nicht wo ich am Ende lande, aber ich wünsche mir jedenfalls, dass immer Freunde mit mir reisen und dass der Weg nicht gar so steil wird!

XHESIKA SHEHU
Die Feder

Es war eine Feder. Sie war ganz weich. Diese Feder war sehr leicht. Ein Vogel hatte sie beim Fliegen verloren.

Ich finde Federn sehr, sehr schön. Diese Feder hatte die Blätter gesehen, den Mond, die Sterne und die Dunkelheit. Am liebsten möchte ich selbst so schön und weich sein.

Ich beobachte gerne Federn und Vögel. Sie können fliegen und können Wolken, den Sternen und vielen anderen Dingen begegnen.

So eine Reise ist schön.

HEIDE SIEPMANN & REGINA VON SZALGAHRY
Katja in Gefahr

Es war einmal ein Haus. Das war über fünfzig Jahre alt. In diesem Haus wohnte vor langer Zeit eine ganz arme Familie.

Die Mutter hieß Gisela, der Vater hieß Hans und das Kind hieß Katja.

Katja wollte unbedingt einmal einen Ausflug machen. Sie wollte weg von Zuhause. Doch das konnte sich die Familie nicht leisten. Katja bettelte und bettelte. Die Eltern versuchten ihr klar zu machen, dass sie sich es nicht leisten können. Aber Katja blieb bei ihrem Wunsch, eines Tages von Zuhause wegzugehen.

An einem Freitag, als Katja sich zum Schlafen legte, dachte sie sich einen Plan aus. Heute ist ja Freitag. Am Sonntag schlafen die Eltern immer lange. Morgen in der Nacht kann ich mich heimlich aus dem Haus schleichen und einfach weggehen.

Am Samstag konnte sie gar nicht schlafen vor lauter Aufregung. Sie hat sich aber trotzdem den Wecker gestellt, falls sie doch einschläft. Doch endlich war es so weit. Es war ein Uhr. Die Eltern schliefen fest und tief. Sie ging auf Zehenspitzen hinunter, zog sich die Schuhe und die Jacke an, öffnete leise die Tür und schlich nach draußen.

Froh ging sie in die Dunkelheit. Aber schon als sie das Haus nicht mehr sah, fing ihr Herz an zu rasen. Sie zitterte am ganzen Körper. Doch jetzt konnte sie nicht mehr zurück.

Aber gleich danach bekam sie wieder Mut. Bald sah sie einen Flughafen und dachte: *Da könnte ich übernachten. Hier bin ich ein bisschen in Sicherheit und habe ein Dach über dem Kopf.* Sie ging hinein und legte sich auf eine Bank. Sie mummelte sich in ihre Jacke ein. Die Bank war ein gemütlicher Schlafplatz.

Doch auf einmal wurde Katja von merkwürdigen Geräuschen wach und da passierte es schon: Ein Mann packte sie am Kragen.

Katja schrie ganz laut: »Hilfe! Hilfe! Hilfe!«

Ihr Herz raste noch viel tausendmal mehr als auf dem Weg und sie zitterte. Aber der Mann wollte nichts Böses.

Er fragte: »Hast du keine Eltern oder bist du von Zuhause weggelaufen?«

Katja stotterte: »Ich – ich – ich – wollte nur einen Ausflug machen.«

Die Polizei regelte alles und brachte Katja nach Hause.

Die Eltern waren sehr froh und Katja auch.

CHARLOTTE SINNEMANN
Unterwegs

An einem schönen Sommertag in Italien fuhren mein Vater und ich in den Wald und parkten das Auto auf einer freien Waldlichtung. Mit einem Rucksack bepackt, in dem Schlafsachen, ein Zelt und etwas zu Essen steckte, wanderten wir in den Wald.

Schon lange freute ich mich auf die Übernachtung. Wir sahen schöne Steine, Vögel und sogar Salamander, die mir am besten gefielen. Manche Eidechsen schimmerten grün-grau, aber es gab auch welche, die man nicht ganz erkennen konnte, weil sie so grau waren wie die Felsen, auf denen sie lebten. Eine Weile sahen wir sie uns an. Dann ging es weiter.

Mein Vater sagte: »Pass auf, dass du nicht abrutschst!«

Kaum hatte er es ausgesprochen, war es auch schon passiert.

Ich dachte: *Mist, jetzt ist es aus mit der Wanderung!*

Aber es kam anders, denn mein Vater rief: »Halt dich hier an der Wurzel fest.«

Das tat ich dann auch und stand endlich wieder auf festem Boden. Es ging mehrere Kilometer weiter. Schon bald sahen wir einen geeigneten Platz für unser Zelt und schlugen es dort auf.

Im Zelt dachte ich noch lange an den Tag und schlief bald ein.

ALINE SKOTARCZAK
Unterwegs mit der Klasse

Vor einiger Zeit war ich mit meiner Klasse im Grugapark. Als wir da waren, haben wir einen Spielplatz entdeckt. Alle Kinder rannten sofort hin.

Eileen, meine Freundin, kletterte sofort an einer Kletterwand hinauf. Ich schaute hinter ihr her, weil ich hinterher klettern wollte. Dabei sah ich, wie sie den Halt verlor und abrutschte. Sie fiel wie ein Stein zu Boden.

Sie schrie laut auf und sagte: »Ich kann meinen Arm nicht mehr bewegen.«

Zum Glück hatte meine Lehrerin ihr Handy dabei. Sie rief den Notarzt an, der auch schon bald kam. Dieser untersuchte die Eileen und stellte einen Armbruch fest.

Zu weiteren Untersuchungen musste sie aber noch ins Krankenhaus. Schweigend nahmen wir den Vorschlag an, zurück zur Schule zu fahren. Dort warteten wir, bis uns die Eltern abholten.

Am nächste Tag kam Eileen mit einem Gipsarm zur Schule und einige haben darauf ihren Namen geschrieben.

DENNIS SNIEKERS
Eine Kleewiese – ich konnte nicht daran vorbeigehen!

Also ich eines Tages von meiner Oma kam, sah ich unterwegs eine Wiese.

Ich bin auf die Wiese gegangen, um Kleeblätter zu suchen. Nach einer Weile fand ich ein seltenes vierblättriges Kleeblatt. Ich freute mich und pflückte es.

Danach ging ich glücklich weiter nach Hause.

Das Kleeblatt schenkte ich meiner Mama.

LINA SOLLE
Auf dem Meer

Hallo, ich heiße Lina! Ich bin mit meinen Eltern und meiner Schwester im letzten Sommer nach Canada geflogen, weil Papas bester Freund Harold Hochzeit feierte.

Wir sind mit einem großen Wohnmobil von Vancouver aus an die Pazifikküste gefahren. Der Ort hieß Tofino und dort konnte man *Whale Watching* machen. Das heißt, dass man mit einem Motorboot aufs Meer fährt und Wale beobachtet. Unser Boot hatte einen Glasboden, wodurch wir den Meeresgrund sehen konnten. Dort haben wir *Sea Flower Stars* gesehen, das sind riesengroße Seesterne mit einem Durchmesser von einem Meter.

Auf der Suche nach den Grauwalen haben wir einen putzigen Seeotter entdeckt. Dann endlich tauchten zwei Grauwale vor uns auf. Zuerst haben wir nur die Wasserfontänen gesehen, die sie nach oben pusteten. Aber dann kamen sie mit ihrem Rücken aus dem Wasser. Wir staunten, wie groß sie waren und haben sie eine Weile beobachtet.

Auf den Weg zurück zum Hafen saßen auf einem großen Felsen viele Seerobben. Plötzlich kamen Wellen auf und das Boot fing an zu schaukeln. Dann schwappte eine große Welle ins Boot und wir waren geduscht. Trotzdem sind wir wieder sicher mit zitternden Knien im Hafen angekommen. Das war unser aufregendstes Ferienerlebnis.

STEFANIE STEINBERG
Im Affenzoo

An einem schönen Sommertag fuhren meine Eltern, mein Bruder und ich nach Holland in einen Affenzoo.

Am Eingang bekam jede Familie eine affensichere Tasche. In diese Tasche steckten wir Mamas Handtasche, Papas Zigaretten und alles aus unseren Hosentaschen. Danach wurde diese affensichere Tasche gut zugemacht.

Im Zoo schrie ein großer Papagei, der auf einem Baum saß. Als wir an ihm vorbei liefen, flog uns der Papagei ganz dicht über unsere Köpfe nach. Zum Glück blieb er aber auf dem nächsten Baum sitzen.

Bei unserem Rundgang durch den Zoo kamen wir an vielen Käfigen und Gehegen mit verschiedenen Affen vorbei. Auf einem großen Platz, wo keine Affen waren, konnte man etwas Leckeres essen und trinken.

Nach der Stärkung gingen wir zu den Totenkopfäffchen, die so ähnlich aussehen wie Herr Nilson von Pippi Langstrumpf. 96 Stück sprangen von diesen Affen in der Gegend herum. Sie hüpften auf unsere Schultern und Köpfe und guckten in alle Taschen.

Mein Vater hatte beim Essen seine Zigaretten aus der affensicheren Tasche geholt und sie in die Brusttasche getan. Nun wollten die Affen von meinem Vater die Zigaretten klauen. Doch er hatte das vorher gemerkt und die Zigaretten ganz schnell in die affensichere Tasche gelegt.

Die Äffchen waren ganz niedlich und man konnte sie auch streicheln. Wir wollten uns gar nicht mehr von ihnen trennen.

Doch weil der Zoo schließen wollte, mussten wir leider nach Hause gehen.

KIM STEINER
Mein Lebensweg

Ich war sehr klein, sehr klein. Ich war unterwegs in eine neue Welt. Die Reise war lang.

Als ich Daumengröße errichte hatte, hatte ich bereits Finger und Zehen. Ich strampelte, doch meine Mutter merkte es nicht, als ich herangewachsen war, strampelte ich doller, meine Mutter bekam sogar richtig Bauchweh.

Dann kam ich auf die Welt. Ich lernte langsam laufen. Ein paar Tage später lernte ich sprechen. Mein erstes Wort war: Kimisann.

Als ich drei Jahre alt war, bekam ich einen Bruder mit Namen Luca.

Jetzt unternehmen wir viel zusammen und sind ein starkes Team. Nun bin ich zehn und habe vier Grundschuljahre hinter mir. Ich habe mit meiner Klasse viel erlebt und gelernt. Wir haben zum Beispiel einen Ausflug in die Jugendherberge nach Reken gemacht. Ich hatte dort ein Zehnerzimmer.

Während der vier Jahre begleiteten mich meine Freundinnen Nina und Lena. Im August gehe ich aufs Gymnasium. Ich bin gespannt, wer dort meine Wege begleitet.

NICK PASCAL STASIC
Verloren auf einer Eisscholle

Ron und seine Eltern sind mit dem Flugzeug auf dem Weg zum Nordpol. Auf einmal hört Ron einen lauten Knall. Der rechte Flügel fängt Feuer. Das Flugzeug fängt langsam an zu wackeln und stürzt in das kalte Meer. Ron rettet sich auf eine Eisscholle. Er treibt viele Stunden ganz alleine.

Auf einmal sieht er einen Babypinguin auf einer großen Eisscholle. Ron versucht die große Eisscholle zu erreichen. Als er sich erreicht hat, schließt er mit dem Pinguin Freundschaft. Er nennt ihn Sparky! Sie versuchen, ein Iglu zu bauen, damit sie nicht so frieren. Auf einmal sagt Sparky: »Ich bin froh, dass wir uns gefunden haben.«

Ron erschreckt sich. »Wieso kannst du sprechen?« fragt Ron.

Sparky schaut ihn an und meint dann: »Das ist doch egal. Hauptsache, wir sind nicht allein.«

Sie verbrachten zwei Tage auf der Eisscholle, als plötzlich ein Fischkutter auf sie zukommt. Der Kapitän lässt sie an Bord kommen und packt sie in dicke Decken. Über Funk hören sie, dass Rons Eltern auch gefunden wurden. Die beiden freuen sich riesig. Ron sagt: »Ich kann meine Eltern fragen, ob du mit zu uns darfst.«

Sparky antwortet: »Au ja.«

Im Hafen angekommen, sieht Ron schon von weitem seine Eltern. Als sie ankommen, rennen sie aufeinander zu.

Nachdem sie sich heftig umarmt haben, fragt die Mutter Ron: »Wer ist denn das?«, und sie zeigt dabei auf den kleinen Sparky.

Ron sagt: »Das ist mein Freund, mit dem ich die letzten Tage verbracht habe. Können wir ihn mitnehmen? Bitte, er ist auch ganz allein!«.

Die Mutter erlaubt es. Dann fliegen sie alle mit dem Rettungshubschrauber wieder nach Hause. Ron und Sparky sind glücklich, dass sie einen Freund fürs Leben gefunden haben.

INGA STRATMANN
Unterwegs am Strand

An einem stürmischen Tag während unseres Dänemark-Urlaubs wollten meine Familie und ich einen langen Strandspaziergang machen.

Als der Regen kurzzeitig aufhörte, sind wir zum Strand gelaufen. Dort fing es schon wieder an zu regnen. Das machte uns aber gar nichts aus. An den Treppen, die zum Strand hinunter führten, fragte mein Vater uns noch: »Habt ihr auch alles dabei?«

Wir antworteten einstimmig im Chor: »Na klar!«

Nachdem wir die Treppen heruntergelaufen waren, meinte meine Mutter: »Dass mir ja keiner ins Wasser fällt!«

Jonas, Meike, Simeon und ich rannten zum Wasser. Es war so stürmisch, dass wir fast weggeflogen wären. Mein kleiner Bruder Simeon und ich fanden eine besonders schöne Muschel, die aber noch ganz dreckig war. Simeon wollte die Muschel unbedingt abwaschen und so sagten wir: »Wir gegen schon mal ein Stück weiter.«

Plötzlich sahen wir Simeon nicht mehr, dafür hörten wir jedoch einen Schrei. Schnell liefen wir in die Richtung, woher der Schrei gekommen war und da sahen wir Simeons Kopf auf einem durch die Wellen aufgetürmten Berg von Seetang. Der arme Junge war vollkommen bis zum Hals im Seetang eingesunken.

Wir zogen meinen Bruder klatschnass aus dem Seetangberg. Nachdem meine Mama meinen kleinen Bruder ausgezogen hatte, zog mein Papa sich seinen Pullover aus und wickelte ihn darin ein. Schnell liefen wir zu unserem Ferienhaus zurück, um Simeon unter die heiße Dusche zu stellen und uns alle mit heißem Kakao zu wärmen. So fand unser Strandspaziergang ein allzu schnelles Ende, aber habt ihr schon mal einen »echten Wassermann« gesehen?

Schade, dass wir keinen Fotoapparat dabei hatten, das Foto hätte ich euch gerne gezeigt.

LOUISA STRATMANN
Unterwegs im Kaufhaus

Meine Eltern, meine Brüder und ich sind einmal in ein großes Kaufhaus gefahren. Dort haben wir viel eingekauft.

Dann wollten wir zurück zum Auto gehen.

Auf einmal schrie mein Vater auf: »Mein Autoschlüssel ist weg! Ich finde ihn nicht mehr!«

Hektisch suchte er in seinen Taschen herum, aber er fand ihn nicht.

Nun sagte er: »Bleibt ihr alle hier stehen. Ich schaue nach, ob ich den Schlüssel vielleicht am Auto verloren habe.«

Meine Mutter, meine Brüder und ich malten uns aus, was alles passieren könnte.

Mein Bruder sagte: »Vielleicht hat jemand den Schlüssel gefunden und unser Auto gestohlen.«

»Oh nein, bitte nicht«, rief ich.

Nun hielten wir es nicht mehr aus und gingen auch zum Auto. Dort stand mein Vater mit dem Autoschlüssel in der Hand und rief erleichtert: »Hier ist er. Ich habe ihn gefunden. Er war hier in der Jackentasche, wo ich ihn sonst nie hintue.«

Wir waren erleichtert und lachten.

ROBIN STRAUCH
Ranocchi

Ich fahre mit meinen Eltern und meinem Bruder Jan jeden Sommer nach Italien.

An einem sonnigen Freitag fuhren wir abends in ein schönes Restaurant. Unterwegs holten wir noch meinen Onkel, meine Tante, meine Cousinen und meinen Cousin mit seiner Freundin ab.

Eine Viertelstunde später saßen wir in dem Restaurant. Alle bestellten sich eine Pizza oder einen Teller italienischer Spaghetti.

Nur mein Onkel hatte noch seine Speisekarte in der Hand. Er fragte den Kellner, ob es nicht Fisch gäbe.

Darauf erwiderte der Kellner auf italienisch: »Meinen Sie Ranocchi?«

Daraufhin mein Onkel: »Äh ja!«

Nach einer halben Stunde bekamen alle das, was sie haben wollten. Bis auf meinen Onkel. Ranocchi heißt auf deutsch Frosch. Also fand mein Onkel keinen Fisch, aber Frösche auf seinem Teller. Alle am Tisch lachten, auch mein Onkel.

Er aß sie sogar tapfer.

So kann es gehen, wenn man eine andere Sprache nicht kann.

FRANZISKA STREIT
Ein Tannenbaum im Sommer

Wir waren im Sommer in Italien. Dort war es sehr schön.

Morgens gingen meine Schwester Paulina und ich immer schwimmen. Mittags war es so heiß, dass wir nur im Schatten Boccia spielen konnten.

An einem Abend sahen wir viele kleine Lichter im Garten.

Was war das? Wir Kinder liefen sofort dorthin.

Es waren kleine fliegende Tierchen, die leuchteten. Meine Mutter rief: »Ich weiß, was es ist. Es sind Glühwürmchen.«

Mama fing einige und setzte sie sich in die Haare.

Jetzt sah sie fast wie ein Tannenbaum aus.

SELMIR SULJKANOVIC
Das Fährunglück

Ich bin mit meinen Eltern nach Bosnien gefahren. Zwischen Bosnien und Kroatien gibt es einen großen Fluss. Auf dem Fluss gibt es eine große Brücke. Als es Krieg war, haben sie diese Brücke bombardiert. Die Leute haben eine Fähre gebaut, dass die anderen Leute auf die andere Seite kommen können.

Die Fähre war frei, vor uns war ein Auto mit einer Frau und mit zwei Kindern. Sie ist auf die Fähre gefahren. Zwei Reifen waren auf der Fähre und die letzten zwei Reifen waren im Wasser.

Die Frau hat es nicht ganz geschafft, mit dem ganzen Auto auf die Fähre zu kommen. Das ganze Auto ist versunken. Das Wasser war sehr tief.

Die Leute haben ganz schnell die Polizei und die Taucher gerufen. Die Taucher haben der Frau das Leben gerettet, aber die zwei Kinder sind leider gestorben.

Als wir dran waren, auf die Fähre zu fahren, hatte ich ganz viel Angst, dass meinen Eltern und mir das auch passieren würde.

Als wir auf die andere Seite kamen, war ich sehr glücklich, dass wir das geschafft haben, auf die andere Seite zu kommen. Und sehr traurig um die zwei Kinder. Was passiert ist an diesem Tag, werde ich nie in meinem Leben vergessen.

VIKTORIA TABUNOVA
Von der Ukraine nach Deutschland

Ich habe früher in Ivano-Frankovsk gelebt mit meiner Mutter, meiner Oma und meinem Opa. Mama hat Frank geheiratet in Deutschland. Dann hat mich Mama nach Deutschland geholt. Das war eine lange Reise.

Am ersten Tag sind wir mit dem Zug nach Kiew gefahren. Ich war ein bisschen traurig, weil ich meine Freundin und Opa und Oma verlassen habe.

In Kiew sind Mama und ich in den Bus eingestiegen und zwei Tage bis Essen gefahren. Am Tage habe ich aus dem Fenster geguckt, abends TV gesehen und in der Nacht habe ich versucht, ein bisschen zu schlafen.

Mama hat oft von Deutschland erzählt. Und dann waren wir da.

Jetzt ist alles anders. Manchmal bin ich traurig und manchmal nicht.

THORSTEN TAKACS
Der Förster

Es waren mal wieder Sommerferien.

Mama sagte: »Sollen wir zum Campen fahren?«

Wir sagten: »Ja!« Also fuhren wir los.

Wir kamen an Wäldern vorbei und an Feldern. Als wir da waren, bauten wir das Zelt auf.

Da fragte Martin, mein Bruder: »Dürfen wir eine Nachtwanderung machen?«

Da sagte Papa: »Wenn ihr Taschenlampen mitnehmt!«

Als es endlich dunkel wurde, gingen ich und Martin in einen Wald rein.

Da sagte Martin: »Hast du das gehört?«

Da sagte ich: »Was?«

Da hörte man eine Stimme, die sagte: »Was wollt ihr hier?«

Da rannten wir ganz schnell weg und da sagte Martin: »Wo sind wir hier?«

Wir suchten einen Wegweiser. Aber wir haben nur einen kaputten gefunden.

Auf einmal stand da ein Mann, der sagte: »Noch einmal, was wollt ihr in meinem Wald mitten in der Nacht um ein Uhr?«

Da hörten wir neben dem Mann Hundegekläffe.

Martin sagte: »Das ist ein Förster!«

Ich sagte: »Wir wollen eine Nachtwanderung machen, aber wir haben uns verlaufen.«

Der Förster sagte: »Wo wohnt ihr denn?«

Ich flüsterte: »Auf dem Campingplatz!«

Da flüsterte der Förster zurück: »Ich fahre euch hin!«

Da fuhr er uns zurück zum Campingplatz und wir gingen schlafen.

Aber wir hörten noch, wie der Förster durch das Fenster sagte: »Gute Nacht, ihr Nachtwanderer!«

Und dann hörte man, wie er wegging.

BJÖRN TAUER
Am Strand

Als meine Familie und ich vor ein paar Jahren auf Langeoog waren, haben wir einen Strandspaziergang gemacht.

Die Sonne schien und es waren ganz viele Leute am Strand. Wir holten unseren Ball aus dem Rucksack und spielten Fußball. So langsam wurde es dunkel. Einige Menschen verließen den Strand. Wir zogen unsere Schuhe aus, dann gingen wir zum Meer. Der Sand unter unseren Füßen war durch das Wasser ganz feucht.

Als ich mich umdrehte, sah ich, dass wir durchs Laufen im feuchten Sand Spuren hinterlassen hatten. Als ich dann wieder übers Meer sah, sah ich, dass der Sonnenuntergang so schön aussah, dass man dachte, man würde träumen.

KIM-VANESSA TEMME
Bei meiner Oma

Oft fahre ich zu meiner Oma nach Hohensyburg. Meine Oma wohnt dort in einem kleinen Haus am Waldrand mit den Hunden Max, Leika und Cäsar und den beiden Katzen Susi und Baby und mit ihrem Freund Hugo.

Wenn ich bei meiner Oma bin, laufe ich oft mit den Hunden durch den Wald. Dort leben sehr viele Tiere: Hasen, Vögel, Rehe und Füchse.

Einmal hatte ich ein sehr schönes Erlebnis: Meine Oma und ich haben aus dem Fenster geguckt. Plötzlich kam ein Fuchs aus dem Wald ganz nah an unser Fenster. Meine Oma und ich haben Brot rausgeworfen und der Fuchs hat es tatsächlich gefressen.

So nah habe ich noch nie einen Fuchs gesehen.

JULIE TILTMANN
Zwei Abenteuer unterwegs

Es waren Ferien. Meine Mutter, meine Schwester Gwendolin und ich fuhren mit dem Zug nach Holland an den Ort Bergen an See.

Wir waren erst wenige Tage da und wanderten am Meer entlang. Plötzlich kam die Flut, dann fing es an zu regnen. Wir sahen eine Art Pinguin. Wenig später war er verschwunden, wir gingen weiter, aber mussten umkehren.

Als wir an der Stelle waren, wo wir diese Art Pinguin gesehen hatten, sahen wir ihn wieder. Aber es waren auch zwei Männer da, die versuchten, den kleinen einzufangen. Sie erklärten uns, dass diese Art Pinguin mit Öl beschmiert sei, und dass er, wenn er ins Wasser geht, untergeht.

Gwendi und ich suchten am Strand ein Holz und einen Eimer, um den Kleinen zu transportieren. Dann fing unsere Mutter den ölverschmierten »armen Tropf« und wir brachten ihn in die Vogelstation Damland. Dort erfuhren wir, dass es ein Alk ist. Er wurde gefüttert, gewogen und gewaschen. Die Vogelwarte klebten ihm die Nummer 21 auf den Kopf und wir durften ihm einen Namen geben. Wir nannten ihn Paul Pinguin. Wir sahen uns die Vogelstation an.

Dann fuhren wir glücklich ins Ferienhaus. Am Abreisetag gingen wir kurz an den Strand. Und was sahen wir da?! Schon wieder ein ölverschmierter Alk. Oje!! Das hat uns gerade noch gefehlt, denn unser Zug fuhr in circa einer Stunde. Aber dann entschlossen wir uns, den Alk einzufangen und zwei Züge zu verpassen. In der Vogelstation Damland wurde auch er gefüttert, gewogen und gewaschen. Die Vogelwarte klebten ihm die Nummer 24 auf den Kopf, wir gaben ihm den Namen Pauline Pinguin, sie kam in den gleichen Käfig wie Paul. Spät abends kamen wir müde und glücklich nach Hause. Wir fragten uns: »Ob Paul und Pauline Junge gekriegt haben?«

ANNIKA TRIES
Ein lustiger Ausflug

Eines Tages flog ich mit meinen Eltern nach Lanzarote. Das ist eine spanische Insel. Als wir unsere Sachen ausgepackt hatten, überlegten wir, was wir am nächsten Tag machen könnten. Schnell kamen wir zu dem Entschluss, die Vulkanberge zu besichtigen und einen Kamelritt zu wagen.

Am nächsten Morgen weckte uns der Wecker um sechs Uhr. Noch ganz verschlafen liefen wir von Autovermietung zu Autovermietung, bis wir schließlich ein kleines gelbes Auto mieten konnten. Wir quetschten uns in das Fahrzeug und fuhren neugierig los.

Mama hatte zwar einen Stadtplan mit, aber die Straßen auf Lanzarote waren irgendwie anders. Nach vielen Umwegen erreichten wir das Ziel: Die Kamele in den Vulkanbergen. Die Tiere standen in einer Reihe, aneinander festgebunden, die Mäuler mit Maulkörben gesichert. Es dauerte eine halbe Stunde, bis wir endlich auf den Kamelen saßen. Eigentlich saßen wir nicht direkt auf den Kamelen, sondern auf einem Korb, der an dem Kamel festgebunden war. Jetzt ging es los.

Ein Führer ging voraus, dann folgte das erste Kamel, dann das zweite und immer so weiter. Doch das letzte Kamel hatte sich los gerissen und blieb einfach stehen, während der Rest der Tiere in die Berge trabte.

Die Leute auf dem letzten Kamel schrieen verzweifelt dem Kamelführer hinterher, doch er verstand kein Deutsch. Glücklicherweise konnte ein Besucher Spanisch und informierte den Kamelführer über das Unglück.

Dieser lief sofort zurück, fing das Tier ein und band es wieder fest. Endlich konnte unsere Rundreise auf Kamelen beginnen.

Den Rest des Urlaubes lachten wir über diese Geschichte und stellten uns vor, was wohl passiert wäre, wenn kein Besucher spanisch gesprochen hätte.

KATJA UHLENKOTT
Tagträume

Pijo kommt aus der Schule. Er ist sauer. Markus hat ihn getreten und dann hat Sabine auch noch gelacht! Ausgerechnet Sabine! Er dachte immer, sie mag ihn! Quatsch ist das!

Pijo geht in sein Zimmer. Er legt sich aufs Bett und vergräbt seinen Kopf in den Kissen.

»Aua! Du liegst auf meiner Pfote«, hört er plötzlich eine Stimme. Pijo springt hoch. Da sitzt sein Stoffleopard Leo Cattscarmen und fragt: »He Pijo, warum bist du so traurig? Komm mit, wir machen einen Ausflug!«

Sie gehen ans Fenster und da draußen ist plötzlich eine Wiese und keine graue Straße. Da steht mitten in der Luft ein Holzkarren mit Lenkrad. Pijo und Leo steigen ein und hui, fahren sie los.

Plötzlich stürzt der Wagen ab.

»Was ist das?«, fragt Pijo erschrocken.

»Weiß nicht«, antwortet Leo.

Bumm! Sie lagen auf der Erde.

»Aua!«, stöhnt Leo. »Bist du in Ordnung?«

»Ja, was war denn mit dem Karren?«, fragt Pijo.

»Der war sauer. Wenn du falsch fährst, machen sie das«, antwortet Leo.

»Wie kommen wir denn jetzt weiter? Mit der Bahn?«, will Pijo wissen.

»Nee, mit Jangors Bär. Da drüben ist sein Haus. Gut, dass wir gerade hier gelandet sind!«, sagt Leo.

Er geht zur Tür von einem kleinen Haus.

»Hallo Jangor, bist du zu Hause?«, ruft er.

»Ja«, drang es heraus.

»Dürfen wir uns deinen Bären ausleihen, damit wir wieder nach Hause kommen?«, fragt Leo seinen Freund.

»Natürlich, ich helfe euch gern und begleite euch ein Stück, denn mir ist gerade so langweilig!«

Jangor holte den Schneebären und sie ritten los.
Plötzlich rüttelte Pijo jemand.
»Hilfe!«, schrie er.
Dann sah er seine Mutter.
»Mama, wo ist Leo?«, fragt er.
»Pijo, du hast geträumt! Und jetzt komm schnell, das Mittagessen ist schon kalt! Außerdem hat Sabine angerufen und möchte sich mit dir verabreden!«
»Was gibt es?«, fragt Pijo.
»Spagettini!«, antwortet die Mutter.
»Lecker! Das wird ja doch noch ein schöner Tag.«
Und damit ihr keinen Hunger kriegt, ist hier Ende.

VANESSA VELTGENS
Klara sagt zu Tim: »Das kann ich auch!«

Tim sitzt neben den anderen Jungs in der Schule. Er geht schon allein nach Hause und er geht allein zurück. Manchmal fährt er sogar allein mit der Straßenbahn. Klara wird von der Mutter abgeholt und hingebracht.

»Tim geht schon allein«, sagt Klara zu ihrer Mutter.

»Ach«, sagt Klaras Mutter.

Klara geht mal wieder allein in die Pause. Da sieht sie Tim, der über den Schulhof geht. Als er sie sieht, sagt er: »Kannst du schon alleine nach Hause gehen?«

»Ne«, sagt Klara, »aber ich kann es, wenn ich will.«

»Ach«, sagt Tim, »zeig es mir!«

In der Zeit sind es schon mehrere Jungs, die um Tim und Klara stehen.

Da ruft Klara ganz laut: »Das kann ich auch!«

Tim sieht verdutzt aus.

Nur Klara grinst. Ab heute geht sie nämlich auch alleine nach Hause.

MIRIAM VOLLMER
Der Ausflug meines Bruders

Als wir letztes Jahr im Urlaub waren und mit dem Fahrrad unterwegs waren, ist mein kleiner Bruder vorangefahren.

Mein Vater hatte meinen Bruder gerufen, aber der hatte ihn nicht gehört und war einfach weitergefahren.

Dann hat mein Vater meine Schwester losgeschickt, um meinen Bruder zurückzuholen.

Meine Schwester hat ihn aber nicht mehr gefunden.

Da sagte mein Vater meiner Mutter, dass er jetzt losfährt, um ihn zu suchen.

Wir sind mit meiner Mutter nach Hause gefahren.

Als mein Vater nach Hause kam und sagte, dass er ihn auch nicht mehr gefunden hatte, hat meine Mutter die Polizei angerufen. Meine Mutter war gerade mit dem Gespräch fertig, da schellte mein Bruder und wir waren alle froh, dass er wieder da war.

Mutter konnte die Polizei noch mal anrufen und sagen, dass mein Bruder wieder aufgetaucht wäre.

Mein Bruder musste erzählen, wie er nach Hause gefahren ist. Er sagte, dass er über die Landstraße und durch einen Wald gefahren und Minigolf spielen gegangen war und anschließend nach Hause gefahren sei.

Und wir haben uns solche Sorgen um ihn gemacht!

ALICIA WANG
In China

Als ich vier Jahre alt war, bin ich mit Papa und Mama nach China geflogen. Wir sind von Frankfurt gestartet und weil der Flug so lange gedauert hat, bin ich eingeschlafen.

Wir sind in Peking gelandet. Davor bin ich aufgewacht.

Ich war ganz aufgeregt, als wir angekommen sind. Ich sollte nämlich mal meine chinesische Oma und meinen chinesischen Opa kennenlernen. Ich hatte sie vorher noch nie gesehen.

Als wir ausgestiegen sind, erwarteten uns mein Onkel und meine Tante. Sie fuhren uns zu meiner Oma und meinem Opa. Sie hatten Hunde. Die Hunde sahen aus wie Spitze.

Die Oma hatte mir eine Puppe geschenkt. Darüber habe ich mich sehr gefreut. Auch wenn ich Omas Sprache nicht verstehen konnte.

In den nächsten Tagen fuhren wir in den Zoo. Da wollten wir die Pandabären anschauen. Aber leider hatte es geregnet. Da hatten die Pandabären sich versteckt und wir konnten die überhaupt nicht sehen.

Das war sehr schade und ich hoffe, das wir mal wieder nach China fliegen.

SONJA WEBER
Maja

Hallo, ich heiße Maja, ich bin ein Nymphensittich. Mein Frauchen heißt Sonja, ich habe Sonja sehr lieb.

Nur eines Tages habe ich was sehr Dummes angestellt. Als ich auf meiner Schaukel saß, da sah ich, dass das Fenster offen war und mein Törchen auch. Da dachte ich, dass es sehr schön wäre, mal nach draußen zu fliegen.

Also kletterte ich aus meinem Käfig und flog nach draußen.

Ich dachte: *Wenn ich weiter fliege, dann treffe ich andere Vögel!*

Ich traf auch seltsame Vögel, die an mir vorbeiflogen. Es wurde Abend, alle Vögel flogen zu ihren Nestern und kuschelten sich hinein. Nun war ich ganz allein, es wurde kälter.

Plötzlich hörte ich etwas rufen, es war Sonja.

Sie rief: »Maaaja, Maaaja.«

Ich flog zu Sonja, sie brachte mich nach Hause. Die Sonne schien noch einmal auf uns, dann ging sie unter, mein Tag unterwegs war zu Ende.

NORA WEIHSENBILDER
Kreta

In den Herbstferien flog ich mit meiner Familie nach Kreta. Nach Kreta dauerte es vier Stunden. Es gab im Flugzeug leckeres Abendessen. Als wir ankamen, mussten wir erst mal unsere Koffer abholen. Danach holte uns ein Bus ab und brachte uns ins Hotel. Im Hotel gab es Spagetti zu essen und Kaffee und Milch zu trinken. Als wir fertig gegessen hatten, gingen wir auch schon ins Bett.

Am nächsten Tag gingen wir im Speisesaal nebenan frühstücken. Wir waren schnell fertig und gingen raus. Wir sahen zwei sehr dünne Hunde, die uns mit traurigen Blicken ansahen. Die hatten kein Zuhause. Die Hunde kamen an und freuten sich. Mein Bruder Nils und ich streichelten die Hunde.

Nils dachte, dass die Hunde Hunger hatten, und rannte zum Büffet, um Wurst und Käse zu holen. Das war aber verboten. Als Nils wiederkam, hatte er eine große Hand voll Wurst und Käse mit. Nils verfütterte es an die Hunde. Die Hunde schlangen es herunter. Meine Eltern gingen ins Hotel.

Wir haben den Hunden die Namen Max und Moritz und sie wurden unsere Freunde. Mein Bruder und ich schaukelten einmal und die Hunde warteten vor der Schaukel. Plötzlich kam ein großer Wagen angefahren. Ein Mann sprang aus dem Wagen. Der Mann hatte Wurst in der Hand und wollte die Hunde damit anlocken. Max kam angerannt und fraß, weil er immer Hunger hatte. Der Mann hatte probiert, Max zu fangen, aber Max hatte ihn leicht gebissen. Max ist dann zu mir gerannt und hatte sich hinter mich gestellt. Moritz rannte wegen dem Futter zu dem Mann, ganz schnell packte der Mann Moritz und fuhr mit ihm weg.

Ich und mein Bruder erzählten es unseren Eltern. Alle waren sehr traurig, aber um die Traurigkeit loszuwerden, gingen wir im Meer schwimmen.

Abends gingen wir wieder ins Hotel. Wir duschten uns und gingen zum Abendessen. Viele hatten es auch gesehen.

Wir dachten, dass der Mann den Hund töten wollte, und deswegen fragten wir die Neckermann-Frauen, ob sie wussten, was passiert war.

Eine von den Frauen sagte: »Der Hund wurde bestimmt nur an einen anderen Ort gebracht, damit ihn die Leute nicht füttern.«

Wir beruhigten uns wieder und aßen auf. Nach dem Essen spielten wir noch Kniffel und gingen danach ins Bett. Am nächsten Tag wachten wir auf und gingen frühstücken. Nach dem Essen gingen wir zum Strand. Ich und mein Bruder Nils schwammen im Meer.

Plötzlich kamen Moritz und Max angerannt. Ich rannte sofort zu Moritz und streichelte ihn.

Nach vier Tagen flogen wir wieder nach Hause. Aber der Abschied war schwer. Wir sagten allen tschüss und flogen mit dem Flugzeug nach Hause.

ISABEL WIEGAND
Unterwegs im Traum

Eines Tages, es war eher eine Nacht, da träumte ich mich an einen anderen Ort, in eine Unterwasserwelt. Zum Glück hatte ich eine Sauerstoffflasche dabei und einen Taucheranzug an. Es gab da Haie und Wale und Delfine und ganz, ganz viele Fische und Pflanzen. Eine ganze Delfinschar kam an mir vorbei.

Ich freundete mich mit einem kleinen Delfinbaby an. Das war ganz klein, ungefähr fünfzig Zentimeter lang. Auf einmal begann das Delfinbaby zu sprechen. Ich wollte gerade mit ihm auf das Meer schwimmen, als meine Mutter mich weckte.

Ich musste ja auch noch zur Schule. Da war der schöne Traum zu Ende. In der Schule erzählte ich von meinem Traum. Alle Kinder fanden ihn schön.

Dann schlug ein Kind vor, dass wir mal eine Klassenfahrt ans Meer machen sollten.

Das geschah auch schon nach kurzer Zeit und es gab da auch Delfine.

STEFAN WINTERSEHL
Ein Schuhpaar erzählt

Wochenlang standen wir eingewickelt in Seidenpapier und verpackt in einem Karton auf dem obersten Regalbrett eines großen Lagerraumes.

Auf einmal wackelte es unter uns. Schließlich ging der Deckel über uns auf. In diesem Moment drang ein heller Lichtstrahl zu uns herein. Wir staunten, dass wir die Einzigen waren, die aus dem Lagerraum herausgetragen wurden. In einem Raum sahen wir viele Menschen, die Schuhe anprobierten. Wir waren total gespannt, wer uns haben wollte.

Die Verkäuferin trug uns zu einem kleinen Jungen, der schon auf uns wartete. Wir wurden aus dem Karton gehoben und zwei kleine Füße schlüpften in uns hinein. Sofort wussten wir, dass diese Füße wie für uns gemacht waren. Wir wurden bezahlt.

Anschließend begann unser erstes Abenteuer. Der Junge lief so schnell, dass wir Mühe hatten mitzuhalten. Wir sahen viele Schuhe, die auch unterwegs waren und an uns vorbeihetzten. Als der Junge in eine riesige Schlammpfütze trampelte, spritzte uns der Schlamm bis in die letzten Ösen. Wir konnten kaum noch Atem holen.

Zu Hause angekommen wurden wir kräftig poliert und am Schluss glänzten wir wieder wie neu.

Zusammen mit vielen anderen Schuhen warteten wir in einer Reihe auf unser nächstes Abenteuer.

LEA WITTENBERG
Der aufregende Flug zum Mond

Hallo, ich heiße Lea. Vor zwei Wochen bin ich mit meiner Freundin Emily in einer Rakete zum Mond geflogen.

Auf dem Weg dorthin haben wir viele interessante Dinge gesehen. Links und rechts waren Planeten, Sterne und eine riesige Raumstation.

Wir landeten auf dieser und zogen uns die Raumanzüge an.

Ich sagte: »Oh, die sind aber eng!«

Und Emily meinte: »Ja, und ziemlich warm!«

Dann stiegen wir aus und schwebten langsam über den Mond. Es war sehr kalt hier.

Emily rief: »Wir sind jetzt auf einer anderen Welt.«

»Was hast du gesagt?«, fragte ich.

Weil es ringsherum so laut war, schrie Emily zurück: »Wir sind jetzt auf einer anderen Welt.«

»Cool!«, antwortete ich.

Wir beide haben uns die Mondlandschaft näher angesehen. Später mussten wir wieder zur Rakete zurück, weil unser Sauerstoff zu Ende ging.

Ich rief zu Emily: »Schnell, hol ein bisschen Sand vom Mond zur Erinnerung! Ich mache schon die Rakete startklar.«

Emily nickte und schwebte los. In letzter Minute kam sie zurück. Wir starteten und flogen wieder nach Hause. Unterwegs sahen wir eine hell leuchtende Sternschnuppe.

Wir wünschten uns etwas und freuten uns auf das nächste schöne Erlebnis.

NILS WÖLKE
Schulwechsel

Ich heiße Nils und war sechs Jahre alt, als ich in die Grundschule eingeschult wurde. Leider war ich da nur kurz, dann kam ich an eine Vorschule.

Als ich die nach einem halben Jahr beendet hatte, kam ich wieder auf die Grundschule. Es gefiel mir dort nicht, weil die Lehrer so viel geschimpft haben, wenn ich etwas nicht konnte. Ich kann nicht so gut schreiben und lesen, aber Rechnen und Kunst kann ich gut. Aber es gab ein paar nette Mitschüler.

An dieser Grundschule war ich nicht sehr lange, ich habe es nur bis zum zweiten Schuljahr gemacht und dann habe ich auf die Friedenschule gewechselt. Da bin ich bis heute. Hier gibt es nette Lehrer und Kinder, die mich nicht ärgern, wenn ich irgendetwas nicht kann. Ich finde auch die AGs toll, zum Beispiel die Judo AG, da bin ich drin. Nur die Pausen sind natürlich zu kurz. Ich bin jetzt im vierten Schuljahr und bald bin ich fertig mit der Grundschule. Dann muss ich von der Friedenschule runter und wechsel' vielleicht auf die Gesamtschule. Das ist manchmal sehr traurig, weil man sich da von seinen ganzen Freunden verabschieden muss.

Aber manchmal kriegt man zum Abschied auch was geschenkt. Was das Tolle ist an der neuen Schule, auf die ich vielleicht komme? Ich kriege da vielleicht neue Freunde und vielleicht auch so nette Lehrer, wie ich sie jetzt habe, vielleicht eine nette Klasse mit guten Klassenkameraden und allem Drum und Dran – und einen schönen Schulhof! Was mir nicht gefällt am Schulwechsel: Ich habe Angst vor den größeren Schülern, die mich vielleicht zusammenschlagen könnten oder dass mich die anderen hänseln und auslachen, wenn ich mal was vorlesen muss oder wenn ich mein Hobby (Modellbauen) erwähne. Für die Zukunft hoffe ich, dass ich besser lesen und schreiben lerne. Das waren meine Erfahrungen beinahe aus meinem ganzen Leben.

FATIMA YOUNIS
Im Irak

In den Sommerferien fliegen wir mit einem Flugzeug in den Irak: Wir packen viel ein. Und wir nehmen Geschenke mit für alle, damit sie sich freuen.

Vielleicht holt uns mein Onkel ab. Wenn wir da sind, lege ich mich hin, weil ich mich ausruhen möchte.

Später, wenn ich mich ausgeruht habe, spiele ich mit meinen Onkeln. Wir gehen in den Wald, um Schlangen zu suchen. Inzwischen gucken wir, was die so machen. Aber wir bleiben schön weit weg, damit sie uns nicht beißen.

Später gehe ich zu meiner Oma und meinem Opa. Wir melken die Kühe in dem Garten von meiner Oma und meinem Opa. Wir melken die Kühe mit der Hand.

Wir bleiben lange im Irak.

DIANA ZERBIAN
Ein diebischer Affe

Als wir einen Familienausflug gemacht haben, sind wir in den Zoo gefahren. Am Eingang kauften meine Eltern eine Tüte Popcorn, damit ich die Tiere füttern konnte.

Am letzten Käfig angekommen, waren wir endlich bei den Affen gelandet. Die machten einen Höllenlärm, als sie die Popcorntüte sahen.

Als ich näher an den Käfig kam, sprang ein kleiner Affe an das Gitter. Doch plötzlich, als ich einen Augenblick nicht aufpasste, riss der Affe mir die Tüte aus der Hand.

Ich habe mich so erschrocken, dass ich vor Wut anfing zu weinen.

Doch der Affe saß in seinem Käfig und war glücklich, dass er die Popcorntüte hatte.

CHRISTINA ZOTTMANN
Unterwegs in eine neue Schule

Ich bin im vierten Schuljahr und gehe bald in eine neue Schule.

Jetzt liege ich wach in meinem Bett und überlege, wie es in der neuen Schule wohl sein wird.

Vor zwei Wochen haben Mama, Papa und ich uns mehrere Schulen angeguckt und da hat mir die Maria-Wächtler-Schule am besten gefallen. Ein paar Kinder aus unserer Klasse gehen auch dorthin.

Morgen melden Papa und Mama mich an. Ich überlege, ob dort alle Kinder nett sind. Ich fühle mich unwohl bei dem Gedanken, dass ich keine Freunde finden werde. Ich frage mich auch, ob die Lehrer da nett sind oder eher streng.

Eigentlich freue ich mich auf die M-W-S, aber ich möchte mich auch nicht von meiner Klasse und meiner Lehrerin trennen. Zum Glück schlafe ich nach diesem Gedanken ein.

THOMAS SCHMITZ
Statt eines Nachwortes

Die Zahl Drei ist eine Glückszahl, sagt man, die Sieben auch. Sicherlich!

Die Zahl Fünf aber ebenso. Zumindest für mich. Fünf Jahre gibt es Schmitz Junior, die Buchhandlung für Kinderliteratur und fünf Bücher, geschrieben von vielen hundert Kindern, sind seitdem aus einem Geschichtenwettbewerb entstanden, an dem sich viele tausend kleine Autorinnen und Autoren beteiligten: *Freunde*, *Mut*, *Träume*, *Glück* und jetzt *Unterwegs*.

Aber *Freunde* brauchte ich nicht erst, um ein Projekt zu verwirklichen, das ursprünglich nur eine ganz spontane Idee war. Gute Freunde brauchte ich schon immer.

Ein bißchen *Mut* war aber schon nötig. Schließlich riskierte ich viel Geld, investierten wir alle zusammen viel Arbeit und steckten unser ganzes Herzblut in eine Sache mit ungewissem Ausgang. Dieser Mut wurde bisher immer belohnt.

Und so konnten wir im Laufe der Zeit unsere *Träume* verwirklichen, immer mehr für Kinder zu tun und immer mehr mit Kindern zu arbeiten. Denn darin sehen wir unsere eigentliche Aufgabe, die uns von Tag zu Tag mehr Freude bereitet.

Und wenn schon eigentlich alles schief gehen kann, aber trotzdem nichts schief geht, ist ja wohl auch eine große Portion *Glück* im Spiel.

Jetzt sind wir also weiter *Unterwegs*. Wohin? Tja, das wissen wir manchmal selber nicht. Unterwegs zu unserem und eurem nächsten Buch? Vielleicht! Unterwegs zu euch Kindern? Ganz bestimmt! Unterwegs im Leben? Allemal!

P.S.: Und wer jetzt aufgepasst hat, muss zugeben, dass wir sowohl Titel wie auch Reihenfolge unserer Bücher mit Bedacht ausgewählt haben;-).

DIE AUTOREN
Alle Teilnehmer von A bis Z

A

Nihada Abaza, Katrin Abel, Omar Abu Rekbeh, Helene Adam, Carolin Adamek, Susanne Adelung, Ramona Ader, Joshua Aderholt, Kaja-Doreen Adu, Ajdan Afshang, Serhat Agbas, Abdullah Ajour, Ali Akar, Dilek Akbaba, Mehrivan Akbulut, Buket Akçi, Esra Akdeniz, Sanae Akhamal, Jennifer Albert, Steffen Albien, Nurina Albrecht, Olivia Albrecht, Victoria Albrecht, Jana Alers, Diana Alex, Hakan Alkan, Maria Alkan, Fatma Al-Kilal, Julius Allwermann, Tobias Almesberger, Özlem Alper, Mareike Altemeyer, Giulia Altenhof, Chantal Altenhoff, Annelie Altkemper, Carolin Altmann, Miguel Iglesias Alvarez, Siham Al-Zein, Gerrit Amend, Aryub Amirzai, Nico Anderski, Verena Anderweit, Nadine Andreas, Luisa Andreizak, Kira Angel, Tim Angst, Sabrina Anstötz, Ronja Arendt, Ajet Arifi, Mergim Arifi, Miriam Arndt, Kevin Arnold, Alexander Arnolds, Sibel Arslan, Hatun Arslanboga, Astgik Arustamora, Ruth Asche, Safak Aslaner, Eva Asmuth, Shahriar Assadi, Nadine Assmann, Nicolas Ast, Dilan Ates, Omar Atrib, Lars Auerbach, Marcel Auerbach, Marlena Augst, Marco Augustin, Romina Augustin, Anna aus der Wiesche, Alije Avdo, Mustafa Aycicek, Aslihan Aydin, Dilara Aydin, Sena Azekzei, Ilker Azgun, Suna Azhdari, Melody Azimi, Samir Aziz

B

Marco Babel, Fennk Babo, Sara Babusci, Marvin Bacher, Tanja Bachmann, Laura Bäcker, Peter Bäcker, Philipp Bäcker, Sarah Backes, Franziska Backmann, Jan Backwinkel, Alena Bader, Tim Bader, Jana Baehr, Lara Bähren, Gülçin Bakacak, Francesca Bala, Fabian Bald, Diego Baldissera, Christina Balke, Yanick Ballermann, Christian Balster, Elena Baniou, Sebastian Bank, Lisa Bankrowitz, Richard Bardelle, Laura Bardenhagen, Vanessa Barea, Marie-Kristin Bärmann, Lisa Barnhusen, Lisanne Baron, Dennis Bars, Moritz Barschnick, Jannis Bartel, Kathi Bartelsmeier, Cedric Bartholomäus, Marvin Bartlewski, Vanessa Bartoschek, Sina Baruffolo, Melanie Barwig, Jessica Barysch, Arlind Bashotaj, Annika Bauer, Joël Bauer, Kevin Bauer, Lisa Bauer, Lisa Baumann, Sarah Baumann, Tanita Baumann, Christian Baumeister, Simone Baumeister, Melissa Bäumer, Alexander Baumgart, Aline Baumgart, Carla Baur, Jens Bavendiek, Erkut Baydor, Dennis Bayer, Pascal Bechem, Chantalle Beck, Sebastian Beck, Annika Becker, Baris Becker, Dana Becker, Felix Becker, Isabel Becker, Jennifer-Mareen Becker, Josephine Becker, Laura Becker, Lisa Becker, Marcel Becker, Max Becker, Nick Becker, Charlott Becker-Jamme, Chiara Beele, Jörg Beese, Brendon Begiri, Manuel Behlke, Mike Behra, Mandy Behrendt, Dennis Behrens, Marie Beierling, Maximilian Beisemann, Svenja Bembenek, Jil Benders, André Benko, Nils Bennenhei, Timo Bensch, Nicholas Bentata, Kevin Benz, Sandra Berati, Ronja Berger, Sascha Berger, Vitalij Berger, Hendrik Berghaus, Samantha Berghaus, Anja Bergmann, Julia Bergmann, Kevin Bergmann, Tom Bergmann, Sven Bergmoser, Anna Berndt, Arne Berner, Fabienne Bernhardt, Lisa Bernhardt, Sven Bernick, André Berthold, Ines Bertlich, Julian Bertling, Wolfgang Bertram, Marius Bessenbach, Janine Betori, Jonas Beuth, Jo Beyer, Valerie Beyer, Azhar Bhatti Saeed, Lesley Biedermann, Andreas Biell, Felix Bienek, Timo Biergann, Sebastian Bigge, Julia Bilstein, Nikos Bimpisidis, Alicia Binder, Christina Binder, Ricarda Binder, Marvin Bitzer, Sandy Blaesing, Tamara Blanco Rodriguez, Sandy Blank, Bianca Blask, David Blaskowsky, Aline Bleck, André Bley, Johanna Blöcker, Lisa Blömers, Birte Bludau, Christopher Blüggel, Alexander Bluhm, Laura Blumenroth, Philip Blumenstein, Moritz Blumhagen, Kwabena Boateng, Martin Bobek, Mihaela Bobic, Max Bock, Raphaela Bock, Marvin Böckenhüser, Sebastian Böckmann, Stefan Bodinek, Marco Boeder, Janina Boenning, Martin Bogdan, Arthur Bogusz, Alina Bohlen, Dehlia Bohlouri, Dennis Böhm, Kristin Böhm, Daniel Böhmer, Julia Böhmer, Alina Böhner, Gino Boi, Patrick Böing, Lena Bolle, Marieke Bolz, Teresa Bolzenkötter, Sascha Bongardt, Mareen Bonk, Moana Bonk, Friederike Bonmann, Diana Bonn, Kim Bonner, Hannah Bontke, Robin Bontzek, Sandra Boos, Mandy Borchardt, Max Borgbohmer, Alexandra Börger, Stefan Borgers, Alica Borgmann, Fabian Börner, Christina Börnig, Clara Bornmann, Kim Bornscheuer, Natasha Boron, Oliver Borowicz, Yannick Borowitzki, Felix Borowski, Lars Borowski, Markus Borowski, Nikolaj Borowski, Jessica Bosch, Melissa Bosold, Marielle Both, Gina Böttcher, Janina Böttcher, Robin Bouchard, Yasmina Boumoungar, Noura Bourakba, Philip Bourgon, Ouarda Bourramous, Yasmina Bouzouf, Fabian Bovens, Sinan Bozaci, Derya Bozkurt, Esra Boztas, Kevin Brabender, Sebastian Bracke, Esther Bradel, Andreas Brähler, Alexander Brahm, Jelena Braic, Luisa Brakelmann, Esther Brakensiek, Sabrina Brama, Lisa Brandenbusch, Christopher Brandt, Marcus Brandt, Sabrina Brauckmann, Juliane Braun, Lars Braun, Victoria Braun, Maren Bräutigam, Isabelle Bredendiek, Meike Bredendiek, Marina Breidenbach, Alexander Breidenstein, Julia Breier, Tim Martin Breitzmann, Teresa Brekoff, Carolin Bremer, Melanie Bremgartner, Sophia Brenk, Renée Brenner, Julia Breuing, Florian Breustedt, Johannes Brincks, Louis Brings, Daniel Brinkmann, Tobias Brinkmann, Torben Brinkmann, Vanessa Brinkmann, Anna Brix, Dominik Brockner, Katharina Brockner, Carsten Brodersen, Matthias Broll, Matthias Brück, Julia Brücken, Sven Brücker,

Michaela Bruckschen, David Brügge, Monika Brugier, Saskia Bruhnke, Friederike Brune, Tatjana Brünning, Alexander Bruns, Maik Brus, Deborah Brüser, Oliver Bruskolini, Max Bubendey, Kevin Buchalik, Jenny Büchel, Miriam Buchenthal, Melissa Buckhorn, Therese Buckstegge, Dennis Budion, Sevgi Budur, Anne Buers, Eva Buhren, Sandro-Mario Buiatti, Hanna Buiting, Vanessa Bulitta, Michael Bull, Benjamin Bülow, Marco Bunge, Sandra Büngeler, Niklas Bungert, Tim Burckhardt, Melina Burr, Sam Busch, Franziska Büscher, Frederike Büscher, Marion Buschkamp, Birte Buschmann, Madeleine Büser, Karina Busse, Josa Bussieck, Marlon Bussieck, Daniel Bütow, Ann-Kathrin Butschinek, Manuel Büttinghaus, Jolien Bytomski

C
Rutkay Cabuk, Hande Caglar, Melis Cakici, Hülya Cakir, Merve Caliskan, Lisa Calsen, Willi Calsen, Mühammet Canim, Katharina Cano, Victoria Cao, Catherine Capellen, Tolga Carkir, Yusuf Carkit, Stella Carlson, Mike Carsten, Adriane Caspar, Lisa Catoir, Fidan Cavusoglu, Sezen Cece, Kübra Celik, Meltem Celik, Ömer Celik, Yunus Emre Celik, Gökhan Çelik, Dafina Cena, Yeliz Cengiz, Tolga Cetin, Tuba Cetinkaya, Samira Cheaban, Dua Chehade, Marvin Christiansen, Jeannette Christmann, Dominik Ciard, Bernice Ciesielski, Burcin Cik, Janis Ciuk, Matthieu Classen, Philipp Claßen, Beatrice Cloidt, Fabian Coenradi, Sibel Cokkosan, Tanju Cokkosan, Mara Colditz, Franziska Collura, Aylin Cömert, Julian Conrads, Anna-Sophia Constantin, Sabrina Cornelißen, Sacina Culandji, Simon Cwienk, Christian Cyrus, Marie Czech, Carlos Czerwenka, Janna Czichon, Dennis Czichy

D
Anika Dabkowski, Patricia Dabrowski, Madiha Dadgar, Öznur Daglioglu, Tim Dahler, Janine Dahlke, Patrick Dahlmann, Sascha Dahms, Benjamin Dait, Marcel Damm, Sascha Damminger, Julia Damnitz, Frederik Dams, Jaqueline Dams, Roxane Dänner, Jennifer Danowski, Kevin Danowski, Jana Lisa Dargel, Alexander Darr, Soraya Darwiche, Tim Daszkowski, Marian Daub, Isabelle Daubit, Melvin Dauter, Adrian David, Alexander Davids, Natalia Dawgiel, Johan de Buhr, Basti Debray, Anica Dechnar, Tatjana Deckers, Suna Dede, Tugba Dede, Marvin Degen, Gülçin Delik, John Marvin Demaulo, Sena Demircan, Seval Demirci, Mark Demirel, Tanju Demiroglu, Sabrina Denker, Torben Dennison, Nicole Derhun, Alexander Dermietzel, Jennifer Deuse, Valentina Di Maggio, Lukas Dick, Yannick Dicke, Andre Dickmann, Alexandra Dickmeis, Monique Diedrichs, Alexander Diehl, Theresa Dienberg, Jasmin Dietrich, Sabrina Dietrich, Yvonne Dieudonné, Robin Dievernich, Stiev Dignas, Toni Dik, Shirin Dinyarian, Vivien Dirrigl, Nikolas Distic, Leman Dizdaroglu, Lena Doerpinghaus, Can Dogan, Sezen Dogan, Roberto Pascal Döhling, Rocco Döhling, Nora Dohm, Leonie Dohmann, Luzie Dohnalek, Karsten Dohnke, Sebastian Dohrn, Daniel Doko, Anika Dolch, Rebekka Doliva, Raphael Dölle, Clara Dolny, Pia Dombrowski, Marina Dommer, Kevin Domres, Marvin Donicar, Jagueline Dood, Max Dopatka, Moritz Dopatka, Maren Döpper, Jaqueline Döring, Kevin Döring, Julia Dörnemann, Eske Dornenburg, Pia Dörrenhaus, Markus Döser, Juliane Dost, Mandy Dotzki, Larissa Dräger, Hanaa Draoui, Niklas Drawert, Franziska Drees, Theresa Dreher, Paul Dresen, Sebastian Drewa, Sonja Drewski, Patrick Driller, Dustin Dröge, Robin Dröge, Samuel Droste, Carina Drühl, Philipp Dübbert, Christian Düben, Stjepan Dujmovic, Denise Dünnebake, Helena Düpmeier, Charlene Dürhagen, Nadja Durmisevic, Fatma Durmus, Marcel Dusy, Nina Dworatzek, Martin Dzeja, Mike Dzierzon

E
Julian Ebbinghaus, Daniel Ebbrecht, Felix Ebbrecht, Martin Ebel, Bianca Ebendinger, Jaqueline Eck, Jens Eckberg, Janina Eckel, Lukas Eckstorff, Moritz Ehlers, Jan Diego Ehlert, Lisa Ehm, Diana Ehring, Dominik Ehrling, Bastian Eichstädt, Kira Eickerling, Pascal Eickhoff, Dorothee Eikelberg, Janine Einfalt, Nils Eissing, Joël Ekhoff, Ibrahim El Daher, Mahmut El Khodr, Sami El Masri, Stefan El Sayar, Guiletta Elders, Arnella Elem, Ilias El-Ghanou, Ayoub El-Gourari, Sina Ellenbeck, Janine Ellermann, Monique Ellermann, Lena Ellersiek, Timur Elmali, Julia Elsenheimer, Mariam El-Zein, Zenep El-Zein, Semra Emric, Lisa Endrikat, Kim Endrulat, Kerstin Engbring, Justus Engel, Katarina Engel, Tobias Engel, Vanessa Engel, Nils Engelhardt, Katrin Engelke, Stephan Engels, Sven Engelski, Till Engert, Çagla Erciyes, Yagmur Erdem, Jannik Erdmann, Cihan Erdogan, Timo Erhart, Burcu Erkek, Magnus Erley, Judith Ernst, Pascal Ernst, Theresa Ertel, Sümeyye Eryigit, Nadja Espey, Vanessa Esposito, Yasmine Es-Sassi, Jennifer Esser, Konz Esser, Marcel Esser, Simon Esser, Marco Etterich, Désirée Eumann, Thorsten Eumann, Julia Even, André Evers, Niklas Ewe, Vanessa Ewert, Niklas Eyle

F
David Faber, Kristin Fabri, Jasmin Fahkro, Isabell Falk, Jan Falke, Katharina Falke, Jürgen Falkowski, Tobias Fallet, Danielle Fänger, Kevan Farahati, Roxanne Farahati, Christian Faßbender, Teresa Faßhauer, Katharina Fastenrath, Jaqueline Faulhaber, Sophie Faustmann, Christina Fax, Annika Feddern, Katja Feggeler, Diana Fehr,

Annisa Fehre, Florian Feichtmeier, Rebecca Felber, Joel Feld, Jana Felderhoff, Kathrin Felderhoff, Marco Felis, Valerie Felix, Eva Felten, Hendrik Ferber, Sonja Ferdyn, Gülfidan Ferhatovic, Korabi Fetiu, Katerina Feulner, Philipp Feulner, Romina Fey, Stephanie Feyerabend, Stina Fickus, Sarah Fieseler, Timo Fietze, Sina Filipowski, Niklas Finger, Christina Fischer, Dominik Fischer, Dominik Fischer, Jan André Fischer, Kirstin Fischer, Nina Fischer, Sarah Fischer, Tobias Fischer, Lukas Fischer-Wulf, Julia Flach, Verena Flaig, Alexander Flaßhove, Jana Flatow, Sascha Flechtner, Ricarda Fleckhaus, Julia Fleer, Laura Flege, Angela Fließgner, Pascal Flock, Simone Flohr, Kristina Foer, Jennifer Forger, Tobias Förster, Frederik Fortmann, Mitja Frank, Helena Franken, Julia Franken, Mariella Franken, Julia Franken, Johannes Franz, Fabian Frauenholz, Madeleine Frauenholz, Alexandra Freienstein, Sven Freihoff, Christina Freise, Florian Freitag, Sophie Freitag, Sarah Freutel, Kevin Freyer, Katja Frickel, Fabian Frickenstein, Andreas Friedewald, Ingmar Friedrich, Lennart Friedrich, Carina Friemann, Marie Fries, Patrick Friese, Daniel Friesel, Benita Frieske, Hanna Frigger, Markus Frings, Jan-Hendrik Frintrop, Jacky Fritsche, Hannah Fritz, Marcel Frömgen, Nicolas Fromme, Ines Frychel, Johanna Fuchs, Lena Fuchs, Nunzio Fuchs, Pierre Funda, Sebastian Füngers, Anna Funk, Lisa Fürst, Fabian Fürsten, Tobias Fürstenberg, Ben Furtenhofer, Louisa Fürtges, Anna Füting

G

Julian Gahmann, Maximilian Gaidetzka, Patricia Gajda, Melanie Galland, Sara Galletta, Anina Gallus, Anne Gamper, Fabian Gapinski, Marius Gapp, Patrick Garcia Kamalodi, Andreas Garms, Patrick Garnitz, Christopher Gartmann, Franziska Gärtner, Kinete Gashi, Visar Gashi, Kamilla Gaska, Timo Gaß, Kira Marleen Gau, Victoria Gau, Kira Gauglitz, Elisabeth Gaul, Philipp Gaux, Christopher Gawehn, Niklas Gawehn, Julia Gebauer, Sabrina Gebert, Marco Gehlen, Stefanie Gehrig, Sarah Geintz, Lisa Geisenhof, Miriam Geisler, Magdalena Geißler, Tim Geister, Henry Gelhart, Philip Gelitzki, Yanick Gemar, Stella Genge, Fabian Gensler, Carolin Georgi, Wassily Gerassimez, Niklas Gerdiken, Danny Gergoski, Mustafa Gerik, Andreas Max Gerke, Hanna Gerlach, Hannah Gerling, Tim Gerpheide, Pia Gertler, Janna Geske, Yassin Ghal-Lass, Chiara Ghiassi, Christoph Giebmanns, Felix Giese, Jennifer Giese, Julia Giese, Matthias Gillessen, Viktoria Gintaut, Anna-Lena Girten, André Glade, Alina Gladisch, Jakob Glanz, Lars Gleim, Brinja Glettenberg, Yannick Glingener, Marvin Gloszat, Anja Glowacki, Mike Glowasczewski, Marco Glunz, Sebastian Glunz, Franziska Gniesmer, Lukas Göbel, Theresa Göbel, Nadine Göckler, Daniel Godau, Lisa Godde, Jana Goepel, Swenja Gohla, David Gojowczyk, Erdal Gökcek, Fazil Gökyar, Martina Golabek, Marcel Goll, Ira Golle, Kevin Golz, Ercan Gönan, Klaudia Gondro, Markus Gondro, Nico Gonschorek, Pascal Gonzales, Melisa Gorcevic, Annika Gorczynski, Denise Gordon, Matthias Göretz, Dominik Gorka, Oliver Gornik, Katharina Gorny, Nicholas Gorny, Jennifer Gorysch, Ann-Laurin Gothe, Ute Götte, Lukas Gotter, Christine Gotthardt, Christine Gotthardt, Gina Gotthardt, Laura Götting, Sina Gottmann, Lisa Götze, Nilofar Goudarzi, Alina Graf, Kevin Gräfedünkel, Julia Graner, Pascal Grau, Nicole Graw, Anna Kathrin Grebenstein, Ann-Kathrin Greckseh, Sebastian Greckseh, Sabrina Greding, Sonja Greinacher, Janine Greine, Janis Grendel, Karoline Greve, Natascha Greve, Janine Grevendick, Meikel Grewe, Linda Grieger, Per Grindau, Geraldine Grobbink, Michael Groemke, Fabian Groll, Julia Grommisch, Felix Groos, Jennifer Grosche, Jaqueline Groschwald, Janina Groß, David Große, Sarah Große, Eila Große-Bremer, Andrea Große-Gung, Kristina Großmann, Sara Großmann, Louisa Grotepass, Andy Grothe, Ken Grothe, Riccarda Grutkamp, Katharina Grybsch, Katrin Grzenia, Vanessa Guccione, Simon Gückel, Ece Güler, Gökhan Gültekin, Julien Gundlach, Melis Gündogdu, Jacqueline Günther, Ramazan Gürsoy, Anne Gürtler, Christian Guske, Sermin Güven

H

Sina Haag, Vivien Haar, Solange Haase, Georgina Habdas, Katharina Haberfeld, Max Haberland, Moussa Habrat, Erdal Haci, Felix Hackelbörger, Helen Hackenberg, Pascal Hackert, Caroline Ivett Hadelko, Guy Haeyn, Dominique Haferkamp, Saladin Hafermalz, Janine Hageleit, Maria Hagemann, Richard-Viktor Hagemann, Janina Hagmeyer, Jörn Hagmeyer, Christian Hahn, Julian Hahn, Nicholas Hahn, Christina Hahne, Patrick Hähnel, Dusty Hahnemann, Deborah Hahnenberg, Iris Hähner, Gina Hain, Mike Hain, Jenny Hake, Natascha Halfer, Samire Haljiti, Anja Hallberg, Maximilian Hallmann, Judith Halsch, Anabelle Halsig, Ida Farina Haltaufderheide, Silke Hammerschmidt, Vincent Hammersen, Elee Hammoud, Dustin Hampe, Phil Hampel, Sina Hamzalufard, Hendrik Handorf, Marvin Hänel, Lisa Hanewinkel, Reischuck Hanna, Julia Hänsch, Timothy Hansen, Lea Hanskötter, Carina Harding, Laura Harding, Stella Harding, Maria Harenberg, Christian Hartding, Tim Hartenstein, Fenja Hartjes, Marcel Hartjes, Dennis Hartmann, Lukas Hartmann, Marias Hartmann, Pascal Hartmann, Katharina Hartung, Michelle Harzheim, Felix Hasebrink, Marie-Christin Hasemann, Mara Häsemeyer, Skrollan Häsemeyer, Massi Hashoorzada, Laura-Jane Haß, Mariam Hassan, Jasmina Hauffa, Maxi Hausner, Christian Haverkamp, Shireen Hawila, Samira Hayek, Benjamin Hebenstreit, Colin Heckenberger,

Diana Heckmann, Vivien Heering, Ina Heese, Kim Hegemann, Roberto Hegemann, Svenja Hegemann, Lea Heger, Katharina Heib, Patrick Heib, Jaqueline Heider, Chris Heiderich, Vivien Heiderich, Christina Heidrich, Kim Heidschötter, Patrick Heidt, Carolin Heiermann, Linda Hein, Timm Heine, Lisa Heinl, Anna Heinle, Anna-Viktoria Heinrich, Dominik Heinrich, Anna Heinze, Marcel Heinze, Melina Heinze, Patricia Heinze, Vanessa Heinzel, Sandra Heise, Oliver Heitefuß, Dominik Heitkamp, Yasmin Helaoui, Jaqueline Held, Ann-Kathrin Helfers, Ricarda Helfers, Farina Hellebrand, Vivien Hellebrandt, Kathrin Heller, Björn Hellmig, Luisa Hellwig, Tobias Hellwig, Marius Helmer, Stefanie Hendricks, Stefan Henkel, Carina Henkies, Felix Henkys, Dominik Henneberg, René Henneberg, Nina Hennefeld, Till-Jonas Hennen, Stefanie Hennig, Tanja Hennig, Vanessa Henscheid, Florian Henseler, Sarah Hensellek, Charlotte Hentrich, Kim Henze, Céline Herbener, Anna Herbrand, Denise Herbsleb, Ann-Kathrin Herbst, Jan Herder, Jonas Herdick, Alexandra Hereth, Tobias Hereth, Nils Herforth, Annika Herget, Sven Herim, Florian Heringhaus, Kevin Herkel, Janin Herkrath, Aspasia Herlet, Daniela Hermann, Manuel Hermanns, Mareen Hermanowski, Frank Hermeier, Martha Hermeier, Lisa Hermes, Patrizia Hermey, Jessica Herold, Bianca Herres, Kira Herrmann, Marc Herrmann, Ricarda Herrmann, Oliver Hertel, Marius Hertzsch, Philipp Herz, Ramona Heß, Jessica Hesse, Kevin Hesse, Patrick Hesse, Stefanie Heßelmann, Simon Hetfeld, Michelle Hetkamp, Tobias Heuer, Kathrin Heydt, Lena Heyer, Marco Heymanns, Dominik Hibbeln, Manuel Hiebel, Patrick Hiedels, Michelle Hiegemann, Chantal Hielscher, Vanessa Hildebrand, Adina Hildebrandt, Carina Hildesheim, Malin Hille, Caroline Hiller, Jonas Hiller, Meryem-Dana Hinsdorf, Julia Hintzen, Philipp Hintzen, Lena Hipp, Phuong Hoang-Dong, Christian Hobucher, Kirsten Hochhäuser, Nora Hock, Sydney Höfels, Hannah Höfener, Christopher Höfer, David Hoffmann, Julia Hoffmann, Lisa Hoffmann, René Hoffmann, Sabrina Hoffmann, Juliane Hofmann, Marvin Hofmann, Leonard Hogrebe, Bastian-Alexander Hohendahl, Kim Elisa Hohmann, Rene Hohmann, Vincent Hohmann, Ken Hohnstock, Jana Sophie Holecek, Tabea Holfeld, Florian Holl, Philip Holl, Arnd Hollatz, Jennifer Hollender, Levs Holmeckis, Ronja Holste, Max Hölter, Jana Holthaus, André Holtkamp, Nico Holtkamp, Dominik Hönerlage, Dirk Hönes, Ricardo Hopf, Pia-Marie Hoppe, Sascha Hoppe, Marco Hormerlage, Christoph Horn, Marcel Horn, Anna-Marie Hornemann, Lukas Horz, Cyrina Hötzel, Anna Henriette Hövel, Jan Hoyer, Anne Hubert, Daniel Hubert, Bernd Hübner, Mona Hübscher, Jens Hufschmidt, Dennis Hügen, Svenja Hüllen, Philip Hüls, Kimberly Hülse, Shirley Hülse, Jan Hülskemper, Till Hülsmann, Julia Humke, Jennifer Hund, Jonas Hunder, Lisa Hünemeier, Julia Hurdelhey, Tanja Hurth, Charlotte Husemann, Belli Hüsken, Lukas Hußmann, Lisa Hüttemann

I
Melwin Ibert, Inella Ibra, Fatma Ibrahimbas, Magdalena Idczak, Antonie Ihln, Sandy In der Beek, Ümran Ince, Serhat Incekan, Sarah Isenberg, Mohamed Ismail, Zohrab Istalifie, Arnd Itz, Irfan Izairi

J
Matthias Jablonowski, Lukas Jablonski, Tim Jablonski, Margaretha Jablonsky, Ricardo Jacinto, Sina Jacka, Christian Jäckel, Caroline Jackmann, Alissa Jacob, Lisa-Marie Jacobs, Mette Jacobs, Bastian Jaeger, Lisa-Marie Jaeger, Natascha Jagemann, Kerstin Jäger, Kim Jäger, Irina Jahn, Thomas Jähner, Julian Jalaß, Souhail Jalti, Mailin Jannack, Nina Jannusch, Jan Erik Ole Jansen, Jens Jansen, Lea Jansen, Christian Janßen, Christina Janssen, Julian Jantz, Niclas Janus, Annika Janzen, Nadin Jasar, Sebastian Jasmer, Dennis Jaspert, Isabelle Jegotka, Joanna Jehring, Pia Jenderek, Patrick Jenne, Tim Jennemann, Marvin Jenzowski, Saskia Jerghoff, Svenja Jerghoff, Sven Jeromin, Philipp Jeschke, Angelina Jeske, Bastian Jllesy, Veit Joachim, Benjamin Jochahimsthaler, Sandra Jochem, Jonas Jochheim, Alexander John, Sarah John, Christopher Jonas, Felix Jonas, Claire Jonsson, Marcel Jonuschies, Christian Joraskowitz, Yvonne Jordan, Sophia Jörg, Tim Jörg, Jens Joseph, David Jost, Janine Jost, Teresa Jost, Tim Norman Jost, Marcel Josten, Violeta Jovanovic, Florian Juchniewski, Clara Jujka, David Jundel, Felix Jung, Jake Jung, Vivian Jung, Sven Jungwirth, Christina Junkers, Melanie Juraschka, Larissa Jurchivici, Tim Jütte

K
Sabrina Kaatz, Serihildan Kabael, Abdullah Kabak, Shirley Kachel, Hilal Kacir, Kamil Kaczan, Nyascha Kadada, Rouven Kahmann, Lucina Kainka, Laura Kaldinski, Sabrina Kalemba, Ersen Kalender, Sina Kaletka, Resul Kalinci, Dennis Kalinowski, Marcel Kalinowski, Lara Kallenberg, Tobias Kaminski, Steffen Kammann, Johanna Kammer, Cord Kammesheidt, Matthias Kammesheidt, Max Kammler, Greta Kampe, Melanie Kämpf, Matthias Kamphausen, Katharina Kampling, Ann-Kathrin Kamps, Maximiliane Kamps, Dora Kamtsiki, Yücel Kanar, David Kandora, Martin Kansy, Manuel Kante, Eilika Kaps, Gizem Kara, Büsra Karabacak, Tugba Karakaya, Oguz-Han Karakütük, Esma Kararmis, Katharina Karczewski, Silja Karrmann, Fabian Karst, Özge Kartar, Marcel Karwatzki, Raphaela Kaschulla, Lillith Kastrop, Marko Kasumovic, Yvonne Katerndahl, Fabian Katzwinkel, Christopher Kauer, Elvan Kaya, Gözde Kayali, Ralf Kazimierczak, Verena Kegler, Lisa Kehring, Sven Keins,

Annika Keldenich, Dominik Keller, Guillaume Keller, Lena Keller, Sebastian Keller, Johannes Kellermann, Robin Kellermann, Lena Kels, Christian Kempe, Jasmin Kempener, Christina Kemper, Dustin Kemper, Laura Kemper, Kevin Kemperdieck, Felix Kempf, Verena Kensbock, Tine Kern, Pierre-Maurice Kersebaum, Chris Kersting, Elena Kerstins, Hendrik Kerz, Ipek Kesim, Frederick Keßler, Alexandra Keus, Nina Keuter, Julian Kewitz, Mahni Khorrami, Selen Kibar, Pierre Kiebert, Julien Kiefer, Maximilian Kiel, Julius Kieseler, Katharina Kieseler, Cora-Aileen Kießler, Adem Kiliç, Tolga Kiliç, Sung Bum Kim, Chiara Kinscher, Christina Kinter, Sina Kipping, Henrike Kirch, Laura Kirchhausen, Estelle Kirchner, Marius Kirchner, Mehmet Kirez, Yual Kirli, Carina Kirsch, Jasmin Kirschbaum, Marius Kirschbaum, Kevin Kirschke, Sonja Kirstein, Lisa Kischel, Sascha Kiseier, Lena Kisker, Marius Kiwitt, Inga Klaassen, Jana Kladnik, Bianca Klammer, Johanna Klass, Jan Klauke, Antonia Klaus, Sabrina Klaus, Sascha Klaus, Fabian Klauwer, Laura Kledtke, Georg Kleeberg, Florian Klein, Marco Klein, Jan Kleine-Eggebrecht, Patrick Kleinert, Anna-Lisa Kleinhückelskoten, Birte Kleinschmidt, Clarissa Klemp, Alina Kley, Fabienne Klima, Anton Klimt, Chanel Klimt, Jonas Klingberg, Swanhild Klink, Katrin Klinkenberg, Sophie Charlotte Kloepfer, Christian Klomfaß, Yannick Klophaus, Juliane Klopstein, Lena Klose, Victoria Kloubert, Marlene Klüber, Alissa Kluckow, Daria Klug, Cornelia Klukowski, Robin Klümper, Dascha Klundt, Celina Klus, Laura Knappmann, Laura Knauf, Patricia Knebel, Daniel Kneifel, Lisa Kneller, Stephan Kneucker, Tim Philip Kniffler, Jaqueline Knogge, Alexander Knoop, Amelie Knoop, Christina Knöpke, Jean-Martin Knöpke, Milana Knöpke, Katharina Knopp, Simon Knospe, Florian Knubben, Nikolcj Knüfermann, Larissa Knufinke, Alina Koch, Anna Koch, Dennis Koch, Gina Koch, Hannah Koch, Inga Koch, Jessica Koch, Lena Koch, Lisa Koch, Nina Koch, Tatjana Koch, Greta Kochhäuser, Anja Kochmann, Tim Kochmann, Janina Koenen, Patrick Kohl, Adrian Köhler, Jessica Kohlmann, Nina Kohlmann, Anna Kohlwey, Angelina Constanze Köhn, Fabian Kohne, Niklas Köhne, Mark Kohnke, Julian Kolberg, Sonja Kolen, Lasse Kölker, Tobias Kollenberg, Jonas Köller, Valentin Köllhofer, Fabian Kollmer, Marcel Kollmer, Jasmin Köllner, Anika Kollwitz, Dennis Kolodziej, Eric Nicolas König, Fabian König, Julia König, Marie-Christine König, Steffen König, Matthias Konopka, Kevin Konrad, Florian Kontrowitz, Karmela Kopcic, Nicole Kopcinski, Sarah Kopetzki, Nico Köpke, Alina Kopmann, Fabian Köpp, Jana Koppenborg, David Körber, Ruslan Kordimuk, Pascal Kornatz, Kevin Körner, Wilma Körner, Edith Kortenbruck, Maren Kortmann, Marvin Korzitzki, Oguzhan Köse, Tim Kosir, Elisabeth Kösker, Antje Köss, Daniel Kost, Lorenz Kost, Patrick Köster, Marie Köstering, Lisa Kotsch, Hannah-Shirin Koudaimi, Arnold Kowalczyk, Benedikt Kowalewski, Patrick Kowalewski, Konrad Kowalke, Sarah Kowasch, Murat Koyuncu, Deniz Kozanli, Dimitrios Kozaris, André Kraft, Florian Kraft, Maurice Kraft, Max Kraft, Annabelle Krajewski, Oliver Krajewski, Kushtrim Kraki, Carolin Krapp, Eileen Krätschmann, Kevin Mark Kraus, Sandra Kraus, Laura Krause, Marc Krause, Nadine Krause, Niklas Krause, Robert Krause, Pascal Krausenbaum, Sinja Krauskopf, Florian Krauß, Hannes Krauße, Robert Krautkrämer, Johanna Krawczyk, Alexander Krebs, Sabrina Kreilmann, Tobias Kreitz, Simeon Kremzow-Tennie, Melina Krepkowsky, Isabelle Kreß, Pia Kreutzadler, Janet Kreutzenbeck, Timo Krey, Alicia Kreyenkamp, Daniel Kreyer, Patrick Krings, Sina Krisam, Joshua Kröck, Maximilian Krödel, Alexander Krokowski, Sven Kroniger, Dennis Kroon, Alexander Kruck, Anna Franziska Krüger, Anne Krüger, Jana Krüger, Jennifer Krüger, Marcel Krüger, Pierre-Marcel Krüger, Lisa Krumbein, Lisa-Marie Krupka, Kristina Kruse, Lisa Kruse, Magnus Kruse, Patricia Kruthoff, Kathatina Krützkamp, Patryk Kryger, Maximilian Kubaneck, Linda Kübel, Nadine Kuchler, Pajtim Kuci, Michael Kucza, Lrushantan Kugendranathan, Daniela Kuhl, Ilka Kuhle, David Kühler, Henning Kuhlmann, Lea Kuhlmann, Marius Kuhlmann, Vanessa Kuhn, Yan Kuhn, Lea Kühn, Katja Kühr, Michaela Kuhs, Ann-Kathrin Kuhweide, Tuba Külah, Gina Kulessa, Anke Kulik, Niklas Kullmann, Sam Kummert, Mirco Kun, Lara Kunst, Natalie Künstler, Tim Kunz, Carolin Kunze, Katja Küpper, Sarina Küpper, Ingmar Küppers, Jonas Küppers, Denis Kurbasevic, Sarah Kurnicki, Kevin Kurth, Emre Kürtül, Christian Kusica, Katharina Kusnik, Jessica Kusold, Lea Küßner, Jan Küster, Dercem Kutan, Tim Kutschat, Marek Kutz, Pia Kwiatkowski, Marta Kwostra

L

Daniela Lach, Nora Ladek, Nora Ladek, Kay Laesecke, Max Laganke, Timo Lahmer, Timo Lahmer, Julia Läkamp, Voussra Lakhal, Lisa Lakomik, Candy Lam, Diandra Lammers, Lisa Lammert, Tanja Lammert, Sabrina Lamsfuß, Tian Lan, Maren Landmesser, Jennyfer Lanfermann, Katharina Lang, Christian Lange, Erik Lange, Helena Lange, Sarah Lange, Pascal Langenbrink, Viviane Langensiepen, Lena-Maria Langenstück, Friederike Langer, René Lapczyna, Laurens Lapp, Jan Larmann, Kristina Lastering, Angelina Lau, Laura Lau, Johanna Laub, Mathias Laue, Tim Lauer, Maurice Lauf, Marcel Lauff, Jonas Lauffer, Maurice Lauffer, Pia Lauffer, Marco Laufmann, Johannes Lauterjung, Resan Law, Jakob Lebsanft, Viviam Lederer, Sven Ledwig, Wing-Kee Lee, Nancy Legista, Cathi Lehmann, Julius Lehmann, Marc Kevin Lehmann, Philipp Lehmann, Sascha Lehmann, Melanie Lehnard, Patrick Lehnen, Jessica Lehnert, Ann-Kathrin Lehnhoff, Dominique Leibin, Mikel Leibold Aginarte, Tim Leimkühler, Julian Leinfels, Marvin Leis, Jessica Leithe, Hanadi Lejjo, Nikolai Lenz, Marina Lenzing, Merlin Lenzing, Maria-Luisa Leotta, Verena Lesny, Josephine Leuchtmann, Charlotte Leven, Marlene

Levenig, Angelina Lewen, Maik Lichtenthäler, Laura Lidzbarski, Patricia Liedgens, Jennifer Liedtke, Alexander Liersch, Christina Liersch, Marco Liesegang, Leonard Lilienfein, Kerstin Limbach, Philip Limbach, Philip Limbach, David Lin, Alexander Lindenberg, Philipp-Malte Lingnau, Philipp-Malte Lingnau, Anna-Kirstine Linke, Kim Linke, Sina Linnenschmidt, Michel Linning, Kristin Lippoth, Katharina Lipps, Katharina Littawe, Eugen Litter, Florian Litzinger, Mateusz Lobodzin, Mark Locker, Lukas Löffler, Corinna Lohmann, Aileen Loos, Christian Löpke, Laura Lorch, Betül Lorcu, Anna Maria Lorenz, Donia Lorenz, Guntram Lorenz, Jana Lorenz, Lea Losacker, Marko Lozancic, Lukas Lubczyk, Sabrina Lück, Tatjana Lück, Katharina Luckner, Maximilian Lüders, Kristin Lüdiger, Jannis Ludwig, Martina Ludwig, Dominique Lukas, Fabian Lukas, Maxim Lukaschow, Tanja Lüke, Svenja Lunau, Fabian Lutter, Daniela Lüttgen, Cornelia Lutz, Elena Lütz, Johannes Lutzenburg, Sonja Lux, Max Luxen

M
Moritz Maas, Phillis Maaß, Marina Mache, Sarah Mack, Sarah Maczkowiak, Daniel Maczollek, Lisa Maecinkowski, Kevin Magel, Manuela Magritz, Felix Mahlberger, Ann-Kathrin Mai, Tobias Maibaum, Sylvia Maienberg, Leah Mainursch, Damir Majdancic, Nicole Majer, Marina Majewski, André Makowski, Tatjana Malers, Sinan Malkoc, Lotta Malmedy, Jasmin Maluschka, Kerry Mandera, Julia Manger, Konrad Manig, Majutha Manoranjan, Jan Philipp Mans, Kevin Manthey, Simon Marienberg, Carolin Lisa Marienfeld, Rand Marioush, Eweleit Marius, Jenna Märker, Mike Markiel, Marina Markovic, Charlene Marks, Mirja Markwitz, Julian Marner, Julia Marose, Tobias Marquering, Luca Marrziniak, Stephanie Marten, Sabine Martin, Talea Martinus, Verena Martmöller, Sabrina Martz, Tobias Marx, Marco Marzinek, Laura Massenberg, Linda Materna, Lisa Matla, Lisa Mattke, Marius Matulla, Tim Matumona, Julia Maurer, Federica Mauro, Tim Mauschewski, Henrike May, Nadine May, Lessly Maymadathil, Ines Mazur, Marius Mazur, Christian Mazurowski, Janis McDavid, Jasmin McLean, Ibrahim Mdaghi, Christine Mebes, Claudia Mehl, Lars Mehlkopf, Svenja Mehlkopf, Nderim Mehmeti, Steffi Meibohm, Anna Clara Meier, Janina Meier, Lena Franziska Meier, Miriam Meier, Manuela Meindl, Nadine Meinert, Patrick Meinhardt, Caroline Meisenburg, Isabel Meiß, Patrick Meißner, Vanessa Meiswinkel, Evangelia Meladinis, Katharina Menden, Adrian Menendez, Lukas Mengis, Marie Menke, Markus-Ralf Menke, Timm Menke, Marius Menkel, Kim Menkhorst, Julia Menn, Saskia Menning, Pascal Mensel, Ken Menth, Philippe Menze, Daniel Menzel, Ali Mercan, Pia Merchel, Hendrik Mergel, Marisol Merino, Alina Meriste, Benjamin Merkel, Lydia Merkel, Elena Mertel, Dominik Mertens, Alexander Mertes, Hüseyin Mertol, Julia Meshing, Leonie Metken, Patrick Metzger, Sina Metzger, Jenny Metzkowitz, Anne Metzlaff, René Metzler, Miriam Meurer, Sonja Meurs, Deborah Meyer, Fabian Meyer, Mike Meyer, Nadine Meyer, Nathalie Meyer, Leonard Meyer-Schwickerath, Paul Meyer-Schwickerath, Julia Michael, Lisa Michael, Laura Michaelis, Vanessa Michalczyk, Malin Michalek, Lena Michel, Ronja Michel, Anne Mieden, Nina Miekley, Björn Mietzen, Nadine Mietzen, Sebastian Mika, Tim Mikloweit, Nadine Mikolajczak, Lisa Miosga, Ruben Miranda, Andrea Mis, Christina Mischor, Marvin Misia, Jill Misikowski, Marco Mitschek, Marco Mittelmann, Daniel Mittendorf, Pia Mittweg, Ruth Mitzke, Matthias Moll, Christoph Möller, Ina Möller, Mona Möller, Thomas Möller, Stephan Möllers, Sarah Mölling, Lucas Mönig, Maria Monno, Laura Morante, Geraldine Morun, Elisa Mosch, Katja Moschner, Maximilian Moss, Dimitrios Mpakalis, Claudia Mruz, Thomas Muchalik, Teresa Muck, Jana Mühlenbeck, Christina Muhs, Angelique Müller, Bastian Müller, Christian Müller, Christien Müller, Daniel Müller, David Müller, Dennis Müller, Florian Müller, Jo Müller, Lisa Müller, Malte Müller, Marc Müller, Melanie Müller, Miriam Müller, Nils Müller, Patrick Müller, Rebecca Müller, Sophie Müller, Tanita Müller, Tim Müller, Valentina Müller, Vincent Müller, Adrian Müller-Jacobs, Nils Mülling, Jill Münch, Laura Münchow, Alexander Murawa, Christoph Murawa, Marcel Murawski, Marc Murlewski, Marc Müsslin, Zendel Mustafovski, Fabian Mycek

N
Franziska Naber, Daniela Nagel, Sebastian Nagels, Ashkan Naghibzadeh, Marc-André Nagusch, Charlotte Naß, Dustin Nattermann, Lara Naujoks, Nadine Naujoks, Anuja Navaratnam, Shakija Navaratnam, Nadine Navermann, Nadine Navermann, Jennifer Nawrath, Tim Nebe, Anna-Eva Nebowsky, Jacqueline Nederkorn, Johannes Nehen, Joshua Neis, Lisa Nern, Lena Neubauer, Julia Neufend, Janina Neuhaus, Julia Neuhaus, Julia Neuhaus, Mona Neuhaus, Stefanie Neuhaus, Juliane Neuhs, Svenja Neumann, Tobias Neumann, André Neutzer, Jacqueline Neveling, Daniel Neyers, Helen N'Guessan, Kim-Martin Nguyen, Nathalie Nickel, Marcel Nicolas, Patric Nicolas, Marie Nicolaus, Daniel Nicolic, Christina Nicolla, Sascha Niechciol, Ann-Cathrin Niegsch, Hannah Niehaus, Mitja Niehaus, Laura Niehuus-Heep, Debora Niekämper, Miriam Niekämper, Leroy Nieland, Pia Niemann, Lisa Nienaber, Juliette Nieradzik, Denise Nierfeld, Jaqueline Nierfeld, Miriam Nierfeld, Ruben Nieves-Garcia, Rabea Niggemeyer, Damian Niklaus, Constanze Niksa, Isabell Nimptsch, Chantal Nisi, Dennis Nititzki, Sabrina Nitsche, Sahar Nobakhti, Jasmin Nobbe, Ron Nocke, Sebastian Nöckel, Daniel Nolte, Karl Philipp Nolte, Mick Nöltgen, Pia Katharina Nömer, Konstanze Nonn, Daniela Norra, Stephanie Norra, Vanessa

Noschke, Lukas Nowak, Hannah Nowicki, Ekaterini Ntouska, Ismeta Nurboja, Lara Nüßler

O

Niklas Obbeck, Kira Oberbacks, Kai Oberste-Vorth, Marco Odenbach, Christian Odorizzi, Maron Oehlke, Mirko Oehlke, Marcel Oehmke, Gregor Oertgen, Vanessa Oertgen, Lisa Oestreich, Stefanie Offe, Nicola Offermann, Ferit Oglu, Denis Öhl, Marcel Ohm, Tim Okolowski, Fatih Okuyucu, Carolynn Olberg, Paul Olczyk, Paul Oldenburg, Konrad Oldhafer, Pia Sophie Oldhafer, Marika Oliva, Niklas Olschewski, Iman Omeirat, Koda Omeirat, Hussein Omeyrat, Sümeyye Önder, Esra Önlü, Frederic Oostland, Lisa Opalka, Tobias Ophey, Miriam Ophoff, Kristina Opitz, Göksu Oral, Esra Örs, Denise Ortjohann, Marcel Orwat, Pascal Orwat, Christopher Orzechowski, Julia Osebold, Pernilla Ostendorf, Mirco Osterhoff, Kevin Osterkamp, Christian Osterland, Sebastian Osterland, Matthias Ostgathe, Christopher Osthues, Suzana Ostojic, Katarina Ostrode, Jan Ostrowski, Nadine Ostrowski, Clemens Oswald, Janin Otten, Vanessa Otter, Laura Otterbein, Simon Otterbein, Johanna Otto, Marcel Otto, Sara Otto, Tara Otto, Haydar Öztürk, Sonja Owsianny, Aylin Özdemir, Mesut Özdemir, Volkan Özdemir, Alperen Özer, Meltem Özey, Emre Özgan, Tugce Özge, Hüseyin Özgen, Franca Özkan, Engin Özmen, Emre Öztürk, Enise Öztürk

P

Alexander Paas, Luise Paas, Nils Paasch, Dana Paaßen, Marc Pache, Katharina Pachocki, Pascal Paeschke, Jessica Pähler, Eloy Pairet, Lisa Paland, Chantal Palloch, Anke Pan, Jakob Pankowski, Eleni Irini Papachristos, Fabian Papierok, Christian Pappert, Philipp Paraguya, Michele Parco, Lara Parensen, Sarah Parsch, Maurice Parussel, Jenny Paschke, Moritz Passenberg, Sabrina Paßmann, Lynn Pasterny, Marcel Patelczyk, Henrik Pätzold, Philip Pätzold, Dominik Paul, Kira Paul, Kristina Paul, Delia Paulikat, Luisa Paunova, Maja Pausch, Marc Pause, Nina Pawelski, Kiriakos Pechlivanis, Luba Pedasch, Eva Peglow, Anjana Peick, Frederic Peine, Janina Pelz, Kevin Pelzer, Stephanie Peplow, Timo Peplow, Maya Perret, Tobias Peschel, David Peter, Jan Peter, Stephan Peter, Ann-Kathrin Peters, Svenja Peters, Yvonne Peters, Svenja Petersohn, Alisa Petillo, Tobias Pfau, Kevin Pfeifer, Sarah Pfeifer, Jasmin Pfeiffer, Tobias Pfeiffer, Nina Pfennig, Paul Pfister, Paula Pfitzner, Julia Pflüger, Friederike Philipsenburg, Lara Piaskowsky, Nina Piaskowsky, Dennis Pieper, Jenny Pieper, Nadine Pieper, Daniela Pies, André Pietsch, Cynthia Pillich, Isabel Pilz, Donovan Pinkel, Marcel Piorek, Kabil Piraisoody, Jaqueline Piras, André Piroth, Jenny Pislath, Ronja Pistis, Alina Plaßmann, Julia Platek, Raphaela Plazek, Christoph Plenge, Roman Plewka, Annabelle Plückthun, Julia Plüntsch, Stefan Podzelny, Pascal Poeten, Sina Poeten, Alexandra Pohl, Stephanie Pohl, Denise Pohland, Dominik Pokall, Melanie Pokladnik, Lars Pokorny, Christopher Pollak, Sebastian Polowczyk, Jamie Polster, Lynn-Marie Polster, Daniel Polzin, Carolin Pommeranz, Sarah Pommerening, Frederik Pompös, Paul Yannik Popescu, Kristina Popp, Lisa Porsch, Jan Portegys, Alexander Portmann, Marwin Portten, Maike Posada, Jennifer Posner, Dominik Potdevin, Benjamin Pötsch, Andreas Pottmeyer, Adrian Pracevic, Christian Prajsberger, Sebastian Prajsberger, Jana Prause, Andrea Prehm, Florian Pridöhl, Hellen Prien, Svenja Priggert, Marcel Probst, Stefan Propach, Verena Propach, Michael Protze, Tamara Prüfer, Sandra Prusko, Michel Przibilla, Vera Przybylski, Christiane Przygoda, Yan Fung Puang, Christian Purho, Mandy Pusch

Q

Silvester Qava, Jeannine Quasdorf, Thomas Quast

R

Richard Raabe, Rohini Raatz, Fadoua Rachid, Wilhelm Rack, Christoph Radeck, Daniel Radtke, Michael Radtke, Sherwin Raffler, Jennifer Rahmfeld, Sarah Ramadan, Katharina-Laura Ramm, Nina Ramseyer, Thilaksan Rasaratnam, Isabel Raschke, Johanna Rath, Sabrina Rathaj, Patricia Rathenow, Lina Ratz, Carina Ratzkowski, Jennifer Rauh, Dominik Raulien, Mirya Rausch, Marc Rautenbusch, Katharina Rauthmann, Rabithaa Ravendran, Vinothraijh Ravintheran, Henrike Rawert, Luci Rechmann, Sonja Reddig, Frederic Reents, Kevin Rees, Christopher Reese, Julia Regett, Tim Rehbein, Ines Rehrmann, Marvin Reichard, Dominik Reichardt, Melanie Reif, Laura Reifenberg, Lisa Reimann, Lisa-Marie Reimann, Lars Reinders, Chris Reinersmann, Laura Reinhard, Lara Reinhardt, Lisa Melanie Reinhardt, Philipp Reinhardt, Saskia Reinke, Chris Reinolsmann, Lea Reischuck, Daniel Rekelkamm, Kai Remmers, Ali Remmo, Julian Rendant, Hannah Rendel, Sina Reneling, Sascha Renske, Manuel Reppmann, Jana Requardt, Zeinab Reslan, Alexander Ress, Sabrina Retzerau, Astrid Reuber, Florian Reuß, Marcel Reuther, Dominik Rewinkel, Bujana Rexhepi, Angie Rheindorf, Anika Richly, Adrianna Richter, Annika Richter, Josephin Richter, Lars Richter, Stefan Ridder, Thomas Rieger, Anja Riemann, Mona Riemann, Jule Rieseberg, Nathalie Ringel, Tilman Ringsleben, Linda Rinke, Sophie Rinn, Jan Rinsche, Alexander Ripkens, Bonnie Rissmann, Christian Ritterbach, Marco Rochus, Ronja Rockel, Anna Rodermund, Daniel Roesch, Marco Roesch, Carina Roeser, Yanneck Rofeld, Sally Marie Rogalla, Julia Röhl, Kevin Röhl, Sven Röhl, Marlena Rohm,

Katharina Röhrig, Linda Rojin, Fabian Rolauffs, Marcel Roll, Kevin Rolnik, Stefan Romanski, Sonja Romlewski, Jennifer Roose, Natascha Roose, Marcel Rosbach, Madlen Rösch, Simon Rosche, Lukas Rosemann, Sabrina Rosemann, Cornelius Rosenau, Sabine Rosenau, Hildegard Rosenboom, Dorothee Rosenkranz, Henning Röser, Tasja Rosinki, Manuel Rösner, Ramona Rosol, Miriam Roßdeutscher, Armin Rotabi, Jenni Rotermund, Christian Roth, Joachim Roth, Sabrina Roth, Dominik Rothäuser, Dinah Rothenberg, Kathrin Rothlübbers, Charlotte Rothscheroth, Kay Rottko, Julia Rovers, Julia Röwer, Angelina Rubarth, Marc Rubarth, Diana Rüchel, Nora Ruda, Sandra Rudnik, Vincent Rühl, Ramon Rum, Emmeline Runge, Bilal Ruppert, Daniel Ruthenfranz, Linda Rüweller, Lea Ryba, Nina Rypinski, Stefan Rzehak

S
Yasmin Saado, Sina Sabellek, Carolin Sack, Natalie Sadowski, Max Sadrina, Julian Sagowsky, Ferdane Sahin, Masih Said, Nicole Salamon, Danielle Salein, Monique Salewski, Sebastian Saller, Kevin Salomon, Luisa Salvatori, Mareike Salzburger, Gemma Samen-Curtis, Mir Schafag Samimi, Lisa Samm, Corina Samperi, Justin Samuel, Patrick Sandach, Burcu Sandalcilar, Hanna Sander, Sophie Sandner, Marvin Sandt, Deniz Saner, Pietro Sangermano, Sahil Sani, Omar Saou, Markus Sarfeld, Döndü Sari, Eda Saridas, Nele Sasse, Judith Sassen, Fatih Satici, Debbi Sauer, Jana Sauer, Patrick Sauer, Laura Sauerbier, Stefan Sauerbrei, Svenja Sauff, Natalie Sawatzki, Carsten Schaar, Laura Schabrich, Anne Schaefer, Frederike Schafeld, Alexandra Schäfer, Angelina Schäfer, Roland Schäfer, Klara Maria Schäferhoff, Anna Schäffer, Benedikt Schandow, Philipp Schantey, Felix Schaperdoth, Carolyn Scharf, Miriam Schätti, Sarah Schau, Björn Schaub, Angelina Schauenburg, Maik Schauenburg, Carina Scheader, Sven Scheele, Johanna Anika Scheffer, Lisa Scheidat, Jan Scheider, Viktoria Scheider, Niklas Scheidsteger, Kai-Martin Scheidt, Sarah Schelhas, Kira Scheller, Aline Schemann, Fabian Schemmers, Eva Schenkel, Katja Scherret, Irene Scherstnjow, Tobias Schetters, Dennis Schettler, Lina Schettler, Nadine Schettler, Antonius Schick, Miriam Lara Schick, Patrick Schick, Katharina Schiedung, Dennis Schiemann, Otto Schildknecht, Jens-Peter Schilke, Christian Schilling, Dominik Schilling, Marcel Schimanski, Yvonne Schirm, Nina-Birte Schirrmacher, Irina Schlauch, Katrin Schlauch, Marcel Schlesak, Christoph Schlich, Laura Schlichtinger, Jannik Schliephake, Eric-René Schlinkmeier, Jonas Schlömer, Maurice Schlüßlhuber, Julian Schlüter, Nino Schlüter, Carina Schmeißer, Lisa Schmelzer, Sebastian Schmid, Annika Schmidt, Janine Schmidt, Julia-Christin Schmidt, Justine Schmidt, Karina Schmidt, Kathrin Schmidt, Laura Schmidt, Laurin Schmidt, Manuel Schmidt, Saskia Schmidt, Sonja Schmidt, Thomas Schmidt, Verena Schmidt, Andrea Schmieder, Solveig Viktoria Schmies, Julia Schmitt, Gerrit Schmitten, Charlotte Schmitz, Elena Schmitz, Heiko Schmitz, Janine Schmitz, Jonathan Schmitz, Lucas Schmitz, Mark Schmitz, Markus Schmitz, Sabrina Schmitz, Timm Schmitz, Luisa Schmitz-Dörnenburg, Tim Schmoley, Jasmin Schnadhorst, Pascal Schnadhorst, Romina Schnadhorst, Sebastian Schnapka, Dennis Schneider, Inka Schneider, Janina Schneider, Nils Schneider, Sabrina Schneider, Sarah Schneider, Thomas Schneider, Tina Schneider, Sarah Schneiderheinze, Sarah Schneißer, Marius Schnell, Raphael Schniewind, Christian Schnitzler, Marie Schnitzler, Johanna Schocke, Eva Scholten, Rebecca Scholten, Melissa Scholz, Niklas Scholz, Niklas Schöndrowski, Amanda Schöne, Anja Schönell, Patrick Schonert, Robin Schoofs, Joana Schoras, Mike Schorn, José-Francisco Schorries, Danny Schößler, Jan Schrader, Bastian Schramm, Christoph Schran, Isabel Schrandt, Christoph Schreiber, Stephan Schreiner, Carolin Schriever, Saskia Schröckert, Christin Schröder, Laura Schröder, René Schröder, Saskia Schröder, Sonja Schröder, Alexander Schroer, Carolin Schröer, Konstantin Schröter, Sinah Schroth, Eva Katharina Schubert, Katja Schubert, Sebastian Schubert, Sarah Schuh, Nora Schuhmann, Rebekka Schuhmann, Doreen Schulte, Jonathan Schulte, Julian Schulte, Sabrina Schulte-Zweckel, Joachim Schultheis, Dominik Schulz, Florian Schulz, Sebastian Schulz, Vanessa Schulz, Lia-Maleen Schulze, Vanessa Schulze, Lukas Schulze Schleithoff, Sarah Schulze Struchtrup, Laura Schumacher, Merle Schumacher, Carla Schumann, David Schünke, Isabell Schunn, Berit Schürmann, Jennifer Schürmann, Marina Schürmann, Patrick Schürmann, René Schürmann, Natalie Schurna, Jana Schüßler, Anna-Magdalena Schuster, Kevin Schüt, Elisabeth Schüth, Paul Schütt, Lena Schütte, Rhian Schütte, Tobias Schüttfort, Jana Schüttpelz, Apollonia Schütz, Melian Schützelhofer, Larissa Schwaak, Stephan Schwabl, Irene Schwagerus, Anne Schwandke, Alissa Schwanke, Dominik Schwartmann, Alexander Schwarz, André Schwarz, Carina Schwarz, Dennis Schwarz, Jaqueline Schwarz, Jennifer Schwarz, Saskia Schwarz, Sophie Schwarz, Vaness Schwarz, Sascha Schwarze, Vivian Schwarze, Philipp Schwarzhof, Kevin Schwedt, Julia Schweizer, Ilona Schwendt, Florian Schwenzfeier, Carolin Schwerdtfeger, Annalena Schwichtenberg, Sebastian Schwichtenberg, Caroline Schwinning, Christian Schwinning, Jaqueline Schymura, Ricarda Scola, Hurmatullah Seddigie, Emanuel Seegenschmiedt, Anna-Lena Seeger, Hannes Seemann, Dustin Sefczyk, Svenja Seger, Isabel Sehnert, Lukas Seibod, Jerome Seibt, Carina Seifert, Ole Selg, Vanessa Selle, Linda Seltmann, Ebru Semerci, Yasemin Semiz, Dominik Semkat, Aref Semmo, Bilal Semmo, Halla Semo, Dilan Sen, Jacqueline Seputis, David Severin, Ragulan Shanmugalingam, Xhesika Shehu, Vera Sibum, Lucija Sicenica, Julia Siebert, Philipp Siebold, Carina Siegburg, Inga Sielker, Heide Siepmann, Marlon Sieweke, Sebastian Simeth, Sigrid Simiot, Caroline Simon, Mahmud Simon, Nathalie Simon, Kenneth

Simonkovics, Oliver Simons, Bahattin Simsek, Berna Simsek, Charlotte Sinnemann, Patrick Sinner, Dennis Sippel, Melina Siragusano, Lorin Sirari, Lena Sittnik, Pravenaa Sivalingam, Janina Sivayogasunderam, Janonthan Sivayogasunderam, Lisa Skliarskaja, Aline Skotarczak, Kim Skowronski, Janin Skrzypczak, Thomas Skulata, Sven Slania, Marcel Slatky, Emilia Sliwinski, Michael Sliwinski, Robert Sliwinski, Adrian Slosorz, Goar Smabatjan, Hendrik Smialek, Mike Smode, Dennis Sniekers, Marco Snitjer, Robin Sobeck, Anna Sokolinskaja, Sanela Sokolji, Gerrit Soldatke, Lina Solle, André Söllenböhmer, Caroline Sommer, Laura Sommer, Marica Sommer, Eileen Sona, Pia Sondermann, Maren Sonnenschein, Vivian Sonnenschein, Marvin Sonntag, Tim Sontowski, Dennis Sopala, Lisa Sott, Niels Soumagne, Joanna Sowa, Tahnee Sowa, Pasqual Spamer, Raphael Sparenberg, Tones Spari, Stefan Sparr, Yannick Speckamp, Christa Speer, Dennis Sperlich, Janina Sperling, Katharina Sperling, Anna Spinelli, Nicole Spitzer, Viviane Spitzhofer, Katrin Spotke, Marc Springstein, Christin Sprungmann, Louisa Sroka, Lisa Stahlkopf, Peter Stahlkopf, Michel Stahlschmidt, Hannah Staiger, Sara Stajduhar, Ruth Stamm, Sara Ständer, Janina Stapelmann, Mirja Stark, Peer Stark, Nick-Pascal Stasic, Fabian Stawitzki, Jannis Stecken, Julius Steenken, Daria Stefanska, Andre Stefanski, Patricia Steffen, Sebastian Steffen, Christian Steffens, Lea Carolina Steffens, Fabian Stegemann, Julia Christin Stehmann, Constantin Stein, Alina Steinbach, Martin Steinberg, Stefanie Steinberg, Olaf Steinbock, Felix Steindorf, Kim Steiner, Danny Steingens, Julia Steinhoff, Lisa Steinigweg, Marisa Steinkopf, Nicole Steinsiepen, Sarah Steinweg, Tatjana Stellmacher, Marie Stelzner, Marleen Stember, Jan Stengel, Jan Stephan, Yvonne Sterk, Alexandra Stern, Alexandra Sternbeck, Katharina Stertzenbach, Mona Stets, Predag Stevanovic, Christoph Stevens, Ricarda Stieborsky, Linus Stielow, Marvin Stimpel, Daniel Stöbener, Sebastian Stockhausen, Sarah Stöckler, Niklas Stoepel, Chantal Stoll, Jonas Stopschinski, Ashley Storck, Lisa-Marie Storm, Jennifer Stöver, Sophie Straßer, Inga Stratmann, Lousia Stratmann, Robin Strauch, Hannah Strehlau, Hannah Strehlau, Franziska Streit, Helge Streit, Virginia-Marie Strock, Natalya Strum, Leandra Strumberg, Isabelle Stübe, Jonas Stüben, Nils Stuckmann, Alexandra Stückradt, Jan-Philipp Studemund, Laura Stuhr, Andrea Stümges, Cristopher Stumpe, Candy Stumpf, Mareike Stürenburg, Medina Sucko, Marco Sudau, Christoph Sukale, Selmir Suljkanovic, Kaja Sumpmann, Vera Surall, Jan Surmann, Kevin Susmond, Carla Süßenbach, Jennifer Sustek, Sebastian Suthoff, Sina Sutter, Sarah Sydell, Stefanie Szalek, Sabrina Szymanski, Lisa Szyszka

T
Laura Tabersky, Viktoria Tabunova, Ömer Tac, Levent Tahtabas, Thorsten Takacs, Issa Tamr, Tobias Tangen, Emre Tarhan, Aylin Tas, Nevlin Tas, Elisabeth Tasse, Alina Tauber, Dominik Tauber, Björn Tauer, Lena Tautges, Laura Irina Teckentrup, Karola Tecklenborg, Lydie Teka, Kim-Vanessa Temme, Sven Tempel, Tobias Tempel, Janna Terhürne, Lars Tessmer, Jessica Tetzner, Lisa Teuber, Aladin Thabet, Intifada Thabet, Annika Thamm, Dennis Thamm, Christoph Thelke, Max Thiebes, Maximilian Thielmann, Jessica Thiem, Tanja Thiem, Leonard Thomas, Lino Thomas, Jens Thyroff, Jennifer Tiedtke, Silvan Tiemann, Tia Marina Tienhaara, Christoph Tienken, Anna Tießen, Sarah Tietz, Gwendolin Tiltmann, Julie Tiltmann, Miriam Timmermann, Verena Tittel, Nina Tobies, Fabienne Todt, Seyhan Toksöz, Thomas Tolksdorf, Romina Töller, Christina Tondorf, Verena Tornow, Nina Torwesten, Kristin Totz, Christian Totzek, Dustin Touray, Melis Tozar, Juliane Trah, Theodora Trah, Andreas Trajnarski, Maximilian Trant, Lea Trapp, Max Trapp, Birte Trautwein, Dennis Treder, Maurice Tretau, Jennifer Triebler, Annika Tries, Fabian Trigueros Plata, Kevin Trilling, Martin Trojnarski, Valentina Tröster, Chris Trostmann, Daniel Trzaska, Eleni Tsabazi, Alexandra Tschirner, Jama Tuchi, Sebastian Tüker, Asif Tulumovic, Laura Tunno, Muhammed Türkmen

U
Judith Ueberschaer, Emanuelle Uhl, Katja Uhlenkott, Fabian Ulbrich, Nadine Ullrich, Peter Ullrich, Katrin Ulm, Matthias Ulm, Julian Ulrich, Lisa Unnasch, Katharina Unterstein, Dana Urban, Hannah Urban, Madeleine Urban, Marcel Urbanowski, Büsra Uslubas, Liv Utzat, Emre Uzar, Mikail Uzun

V
Sebastian Valas, Christopher van Almsick, Markus van Beek, Anna Charlotte van Boxem, Kevin van de Straat, Maren van den Berg, Philipp van den Berg, Sabrina van der Busch, Jaqueline van Drongelen, Saskia Van Eerd, Dennis van Gemmern, Lea van Lent, Pascal van Lent, Vova Vashchenko, Philipp Vaupel, René Veble, Bastian Vehling, Hendrik Veit, Thomas Veit, Jonas Velten, Vanessa Veltgens, Patricia Vengels, Thomas Verfürden, Angelina Vergellino, Christina Vetter, Nicola Vetter, Lisa Viehöver, Anna-Lisa Vienken, Elena Vierhaus, Annika Vieth, Kevin Villwock, Tobias Vittinghof, Domenic Vodusek, Roland Vogel, Tom Vogler, Etienne Vogt, Zabeth Raffaela Vogt, Miriam Vollmer, Emily Vollrath, Vanessa Volz, Stefan von Bauer, Rosalie von Bosch, Timo von der Bei, Daniel von der Heide, Timo von der Heide, Jennifer von der Höh, Hans von Haeseler, Alexander von Hoegen, Dustin von Londen, Regina von Szalghary, Konstantin Vorobev, Martina Vrankovic
W

Sven-Lukas Waas, Amelie Wächter, Marvin Wagemakers, Laura Wagener, Sarah Wagener, Negin Waghari, Angelique Wagner, Charleen Wagner, Isabell Wagner, Jean-Luc Wagner, Johanna Wagner, Julian Wagner, Marius Wagner, Niclas Wagner, Philipp Wagner, Chantal Wahl, Kevin Wahl, Ana-Lisa Währisch, Iden Wakilla, Martin Wakilla, Sabrina Waleczek, Tim Phillip Wallbruch, Jan Wallerich, Jaika Wallrafen, Luise Walter, Nadia Walter, Tim Walter, Lina Waltering, André Walther, Marius Walther, Alicia Wang, Xenia Wansing, Annkathrin Warm, Kea Warnat, Verena Warnke, Dirk Waschnewski, Raoul Watson, Daniel Waubert de Puiseau, Katharina Waubke, Julia Waxh, Alexandra Weber, Linn Weber, Sascha Weber, Sonja Weber, Yasmin Weber, Florian Wechsung, Julia Wedermann, Moritz Wegener, Nora Wegener, Sascha Weger, Vanessa Wegner, Vladislav Wegner, Sebastian Wego, Jasmina Wehmöller, Klaas Weibring, Laura Weichsel, Corinna Weidemann, Jaqueline Weidich, Sabrina Weigelt, Jennifer Weihs, Nora Weihsenbilder, Sascha Weil, Katharina Wein, Carsten Weingarten, Christian Weingartz, Sylvia Weinhold, Jacqueline Weinrich, Feline Weise, Christopher Weiß, Nicolai Weiß, Sabrina Weiß, Sarah Weizenbürger, Carina Welle, Mirjam Wellmann, Alexandra Welp, Jan Weltermann, Katharina Welzel, Lina Wendel, Pascal Wendorf, Alina Wennersheide, Martin Wenske, Kristin Wenzel, Max Wenzel, Daniela Werner, Nico Werner, Pascal Werner, Pascal Werner, Fabian Werntges, Jan Werther, Meike Werther, Christina Weske, Sophia Weske, Annika Wessel, Nils Westerholz, Fabian Westerkamp, Marcel Westerkamp, Larissa Westermann, Ramona Westermann, Lauritz Westermeier, Viktoria Westhöfer, Angelina Westhoff, Laura Wette, Luca Wette, Calvin Wetzel, Florian Weydt, Leandra Weydt, Tobias Weyel, Teresa Wich, Thomas Wichelhaus, Nico Wichert, Vera Wickert, Michael Wieder, Isabel Wiegand, Katrin Wiegand, Lisa Wiegand, Sebastian Wiegand, Manuel Wiegel, Katharina Wiegmann, Felix Wiemar, Tim Wiemer, Stefanie Wieneke, Kilian Wienold, Laura Wiertz, Stephanie Wiese, Kevin Wieseler, Mirja Wietek, Carolin Wiethoff, Jens Wietow, Lara Wikert, Stephan Wilbert, Lena Wilkending, Ricarda Willautzkat, Isabella Willems, Annika Wilms, Manuela Wimmer, Carina Wingender, Jan Winkelhaus, Dennis Winkelmann, Jens Winkelmann, Katharina Winkelmann, Jana Winkler, Katharina Winkler, Stefan Winkler, Stefan Wintersehl, Daniela Wirth, Vanessa Wirtz, Selina Wischolek, Melanie Wisgott, Luisa Witt, Lea Wittenberg, Liv Wittig, Melina Wittkowski, Sebastian Wittler, Tim Wobser, Alicia Wolbeck, Antonia Wolf, Carla Wolf, Inga Wolf, Lesley-Ann Wolf, Marcel Wolf, Sandra Wolf, Lara Wolff, Nina Wolframm, Nils Wölke, Leonie Wölki, Sophie Wollring, Sarah Wolter, Nicole Wonchalla, Michelle Wondorf, Sunisa Wongpan, Tim Wördehoff, Andreas Wormland, Waldemar Wormsbecher, Stephanie Worring, Judith Wortberg, Stefan Wöstefeld, Sammy Wrede, Maximilian Wrobinger, Svenja Wroblewski, Jan Wrona, Jan Wronna, Valerie Wülfing, Alexander Wunn, Vanessa Wüst, Lena Wykowski, André Wykrot

Y

Amine Yasif, Esra Yaslak, Fidan Yaunz, Cigdem Yaygir, Mikail Yayla, Yener Yeni, Cansu Yerebakan, Sefkan Yesilgöz, Ali Riza Yesilturna, Ekren Yigit, Arif Yildirim, Gül Yildirim, Deniz Yildiz, Kübra Yildiz, Cagla Yilmaz, Suzan Yoldas, Fatima Younis, Yusuf Yücel

Z

Vassilihi Zachari, Sebastian Zachau, Mike Zajac, Thomas Zalewski, Bayram Zanlier, David Zappe, Abobaker Zarinni, Margarita Zarkova, Sandra Zawieja, Martha Zawisla, Meike Zebrowski, Amos Zeller, Susanne Zeller, Stefanie Zemla, Zahide Zen, Diana Zerbian, Kumru Zerkol, Sefa Zerkol, Lilia Zernickel, Jessica Zerres, Alexander Zettner, Melissa Ziegert, Christian Ziegler, Lena Ziegler, Anna Zieliesnik, Angelina Zielke, Kathrin Ziemer, Vanessa Zierenberg, Felix Zimmermann, Patrick Zimmermann, Rosa Zimmermann, Sophia Zimmnau, Stefan Zinta, Ann-kathrin Zobel, Eileen Zöfelt, Carsten Zogel, Alexander Zok, Marcel Zokoll, Martin Zöller, Dominik Zöllig, Christina Zottmann, Alexander Zotz, Simon Zupanic, Marc Zuppa, Laura Zurmühlen, Anja Zwiehoff, Eva Zwiehoff, Lukas Zyla